爱孩子，最重要的就是了解孩子

AI，CONG LIAOJIE KAISHI

爱，从了解开始

穷养富养，都不如用心养

熊敏 ◆ 著

民主与建设出版社

Democracy & Construction Publishing House

图书在版编目（CIP）数据

爱，从了解开始 / 熊敏著. — 北京：民主与建设

出版社, 2016.1

ISBN 978-7-5139-0986-0

Ⅰ.①爱… Ⅱ.①熊… Ⅲ.①家庭教育 Ⅳ.①G78

中国版本图书馆CIP数据核字(2016)第020522号

出 版 人：许久文

责任编辑：李保华

策划编辑：李 琴

整体设计：尚世视觉

出版发行：民主与建设出版社有限责任公司

电 话：(010)59419778 59417745

社 址：北京市朝阳区阜通东大街融科望京中心B座601室

邮 编：100102

印 刷：北京彩虹伟业印刷有限公司

版 次：2016年4月第1版 2016年4月第1次印刷

开 本：32

印 张：7.5

书 号：ISBN 978-7-5139-0986-0

定 价：36.00元

注：如有印、装质量问题，请与出版社联系。

作者简介

　　熊敏，上海熊敏文化传播有限公司（熊大教育军团）创始人，大脑领航家多元智能专业分析师、国家二级心理咨询师、私人心理顾问、婚姻家庭咨询师、亲子沟通师、情商训练师、创业培训师。

　　倡导"爱，从了解开始"的家教理念。天下没有笨孩子，只有不了解孩子的父母，成为一个合格父母的基本要求是在了解孩子先天特质，尊重孩子的个体差异的前提下，知道怎样去爱孩子，发现孩子的与众不同，在对的时间做对的引导和训练，从而对孩子进行真正的因材施教。

熊大教育

自序：你会爱孩子吗

做父母的都认为自己很爱孩子，也可以举出很多的例子来证明自己有多爱：给孩子买名牌衣服，吃外国进口食品，送孩子学各种兴趣班，出门车接车送……

那么，这就是爱吗？请问你了解你的孩子吗？清楚他的潜质吗？知道孩子心理发展的特点吗？懂得如何与他沟通吗……因为不了解，很多时候，我们常常以爱之名，伤害着孩子。真正的爱，不是我们付出了多少，而是孩子感受到了多少。孩子只想吃一个苹果，我们却给了他整车香蕉……爱，应从了解开始。

我看过一部印度的电影——《地球上的星星》，影片的小主人公是一个叫伊夏的男孩，长着小龅牙很是可爱，但在老师、父母的眼里，他是一个名副其实的"坏孩子"。上课走神、做白日梦、搞恶作剧，所以，他常常被老师批评，被"请"出教室，甚至多次要求请家长过来谈他的问题。不过，伊夏有一个最大的优点就是特别喜爱画画，遗憾的是，老师、父母都没有发现他的这个优点。后来，父亲无法忍受伊夏的不争气，把他送到了一所寄宿学校。

到了寄宿学校之后，伊夏的性情大变，他由以前的调皮、活泼变得沉默寡言，老师、同学依旧不喜欢他，他几乎成了一个自闭症的孩子。幸运的是，他后来遇到了尼克老师，一个美术代课老师，发现了他的绘画天赋。他鼓励伊夏，为他补习功课，使得伊夏重新找回了自己，找回了自信，学习成绩进步非常快，而且还拿到了学校绘画的第一名。

其实，在我们的生活中存在着很多小"伊夏"，只是他们可能没有那么幸运，没有遇到像尼克一样的伯乐，去发现他们身上的才华，最终碌碌无为，甚至在老师、父母的斥责声中变得一无是处、自暴自弃。

每个生命都是与众不同的，他们都带着自己的使命而来，都有其存在的特殊价值。每一个孩子都是一块尚待雕琢的璞玉，而每一块璞玉又形状各异，如何才能让他呈现出不菲的价值，在于雕刻师，即父母如何去雕琢。聪明的雕刻师会因其型而做，顺势而为，既省力又事半功倍，使得璞玉最终抖落了灰石，变成了光彩夺目的美玉；糊涂的雕刻师则按照自己的设计随意雕琢，不顾及璞玉原有的形状与价值，结果使原本价值连城的美玉变成了一文不值的顽石。

请别责怪你的孩子只是一块"顽石"，因为你不是一名优秀的雕刻师。要想成为一名优秀的雕刻师，首先你要与时俱进，更新教育观念；其次，不要让自以为是的思想伤害到孩子；第三，真正地了解孩子，让自己成为孩子成长路上的指南针；第四，用爱滋养孩子的心灵成长；最后，找到孩子身上蕴藏的宝藏，关注他、开发他、成就他。

孩子虽小，但他的世界一点儿也不简单。爱他，就从了解开始！

推荐序：家庭教育成就孩子的"ONLY 1"

两千多年前，孔子就提出了因材施教的理念，主张根据学生的实际情况和个体差异出发，有针对性地进行教学，以获得最佳的发展。学校教育在关注孩子的独特性和培养孩子的多样性方面确有力不能及之处，因而，这个责任就落到了家庭身上。

家庭教育一直以来都是中国家庭非常重视的主题。随着社会经济文化的发展，时至今日，先辈许多富有启迪性的教育理念和成功的教育经验当然应该重视和继承，但也有不少与当今时代脱节之处，这对新时期的父母而言，无疑提出了新的更高的要求。

这个时代和社会需要多种多样、不同领域的人才，如何做到人尽其才并不是一件容易的事，也许有些人终其一生都没有找到真正适合自己的定位，只能碌碌无为。当然，原因是多方面的，但家庭教育肯定是个非常重要的因素。

从家庭教育的角度而言，家长只有重视并了解自己孩子的特点，家庭教育才能更有针对性，这样，不仅能更好地应对孩子成长过程中的问题，而且也能随时发现孩子某些方面的闪光点，从而使其扬长避短，逐步发掘孩子的潜能，促进孩子的成长发展。

或许你的孩子不是最棒的，但你的孩子一定是独一无二的。每个孩子都有自己的特点，都有自己的优势，或者说是潜在的天才，我们要做的是尽最大程度去发掘他们身上的宝藏，不让这些宝藏被荒废或埋没。

现代心理学非常强调个体的独特性，个体差异一直是认知心理学、发展心理学、教育心理学等领域的热门课题，生理学、医学的发展也为我们理解个体在认知、能力、兴趣、态度等方面的差异提供了生物学方面的科学依据。个体差异固然不可忽视，但脱离心理发展一般规律的个体独特性研究，同样是不科学也是不可取的。本书在这两个方面做到了很好的兼顾。

本书的作者熊敏是从事一线亲子教育的专家，理论素养高，实践能力强。很早之前，我就劝她写一本书，将宝贵的教育经验分享出来，可她总是推脱，说要有足够多的真实教育案例才有说服力。她是我的学生，我了解她，她是一个做事一丝不苟的人，没有充分的准备，她不会轻易下笔。

本书历时三年时间完成，花费了熊敏大量的心血，我有幸在第一时间阅读了她的作品，看得出这是她多年经验和智慧积累的成果，也是该领域最新的研究方法和成果的综合体现。内容立足于孩子心理发展的阶段性特点，以发掘孩子潜能的独特性为切入点，把家长在了解和教育孩子的过程中需要注意的问题，以一种深入浅出的方式，娓娓道来。同时，行文结合大量的真实案例，令读者倍觉贴切和生动。

相信本书能给当前处于困惑中的父母和教育者提供有用的启发和指导。

上海师范大学应用心理学系教授　傅安球

2016年春

目　录

第一章
你的教育观念更新了吗

游戏的力量

在孩子学习成长过程中，游戏占有重要的分量，发展心理学家杰罗姆·L.辛格说过，"……孩子的游戏……不仅是为了乐趣，而且还是发展其认知和情绪能力的一个极为重要的方面。"游戏带给孩子的不仅仅是开心，还是一种创新有益的教养方式，是孩子用来探索世界的一个主要渠道。

提到游戏，很多家长都会想到玩具，家长会给孩子买各种各样的玩具，毛绒玩具、电动玩具、益智玩具等，应有尽有，有些家庭甚至需要有一个专门的房间来摆放孩子的玩具，因为他们认为玩具越多，对孩子的智力开发越好，对孩子的潜能开发越有利，其实不然。

细心的父母会发现，当你给孩子三个以上的玩具时，他往往不知所措，拿起这个玩一下就丢到了一边，拿起另外一个玩一下也丢到了一边，就像狗熊掰玉米一样，掰一个，丢一个，到最后哪个玩具都是摸一下就停下来了。久而久之，就会导致孩子的注意力不集中，缺乏耐性。

在我看来，玩具不在多，关键在于是否适合孩子，你给1岁的孩子玩3岁孩子的玩具，他是不会感兴趣的。孩子是天生的发明家，家里的很多小玩意都可以成为他的玩具，如果你家的玩具很多，可能就在无形中剥夺了孩子创造发明的机会。

有一次，我去拜访一个朋友，朋友4岁的儿子正在房间里玩耍，发出很大的声响，我好奇地走过去一看究竟，孩子的"玩具"令我惊叹不已。小家伙在地上摆放了很多空的矿泉水瓶，并将它们摆成三角形，然后拿着一个毽子丢向矿泉水瓶，一下子就打倒了五六个。孩子兴奋地大叫起来："我赢了，我赢了。"小家伙看到我这个"不速之客"，有些不好意思地挠着头说："阿姨，我的保龄球打得怎么样？"原来，这是小家伙自己发明的保龄球游戏。

遗憾的是，有些家长会把孩子这些发明创造行为说成是"捣蛋行为"，不予支持。事实上，这才是最好的玩具、最好的游戏，你不仅要支持孩子，还应该和孩子一起去发现生活中有趣的事情、有趣的玩具，而不是将孩子泡在一大堆玩具之中。一般来说，在某个阶段，适合的玩具有个两三样就够了。

游戏是孩子最好的学习工具，现代教育提倡亲子游戏，这不仅可以增加家长与孩子的感情，更重要的是父母可以通过游戏走入孩子的世界，帮助他们表达和理解深层的情绪，通过游戏，搭建一个亲子沟通的桥梁，而且很多生活中孩子不理解的事情，都可以通过游戏呈现给他，有助于他的理解。

女儿2岁半的时候，我发现她对数字很感兴趣，她总是问我："妈妈，这是几？"她自己也能从1数到20。有一次，我问女儿，"1加1等于几？"女儿思考了一会儿，摇着脑袋说："不知道。"其实，女儿不是不知道问题的答案，而是无法理解"1加1"是什么意思。

于是，我拿出两个苹果放在桌子上，我来扮演顾客，让女儿来扮演买家。"小姑娘，我想买一个苹果。"女儿就把一个苹果递给了我，我接着说，"我想再买一个苹果。"女儿又给我拿了一个苹果。于是，我问她："现在我手里有几个苹果？"女儿不假思索地回答："两个。"然后，我告诉她："一个苹果加上一个苹果，就是1+1。"女儿很快就明白了加法的含义。

毋庸置疑，游戏对于开发孩子的潜能是十分有帮助的，但现在的孩子普遍缺少玩伴，所以父母就成了孩子的最佳玩伴，可父母又常常因为工作忙，忽视了孩子对游戏的需求。在这里，我想提醒父母们，无论你工作多忙，都应该抽出点时间，陪你的孩子一起游戏，这对他的成长、潜能开发都是有好处的。

那么，父母该如何与孩子做游戏呢？你的童心还在吗？很多人把与孩子做游戏简单地理解为陪着孩子一起玩，这是不准确的，与孩子做游戏对父母来说，也是一门功课，做好这门功课，大家需要从以下几个方面来努力：

第一，不要让自己的想法影响孩子。一些父母在与孩子做游戏时，常常会指导或者指挥孩子这样做那样做，这是非常不妥的。孩子有丰富的想象力与创造力，必须给他们营造一个自由的环境，他们才能尽情地释放自己的想法，展开丰富的想象力，开动脑筋，发挥他们的创造力。

所以，我们在与孩子玩游戏时，一定要将自己的身段放低，你可以问孩子："宝贝，你告诉我这个玩具怎么玩吧？""宝贝，我应该怎么做呢？"在游戏的过程中，始终要让孩子发挥主观能动性，父母是配合者，扮演的是配角。

第二，以欣赏的态度进行游戏。对于孩子在游戏中的表现，父母要给予积极的肯定，以欣赏的态度来看待，不能对孩子要求过高，否则会挫伤孩子的积极性。我见过这样一个母亲，每次在孩子和她下跳棋的时候，她都会说："你好笨，又输了吧？"这样的语言是非常不妥的，经常被欣赏、夸奖的孩子才会更自信。

第三，对孩子的游戏要表现出兴趣，并及时地作出回应。对于成人来说，孩子的游戏都是小儿科，所以，父母对于孩子的游戏总是表现出漫不经心的样子，甚至是敷衍孩子。比如，很多父母会边聊微信边和孩子下棋，边看电视边和孩子搭积木。这既是对孩子的不尊重，也无法让孩子体会到更多的游戏乐趣。正确地做法是对孩子的游戏要表现出兴趣，并及时地作出回应。

游戏本身就是学习，是孩子获取经验、发展智能的妙方，为了促进孩子潜能的开发，平时父母可以和孩子玩一些既有趣又开发智力的游戏，比如猜谜游戏、扮演游戏、想象游戏、观察游戏等。

在以上的游戏中，适合任何年龄段孩子玩的一种游戏就是观察游戏，这对孩子早期智力的开发是非常有帮助的。1岁多的孩子还小，语言表达能力较差，你可以引导他观察，比如，指着一盆花说，这是什么？如果孩子能够自己回答更好，不能回答的话，你可以告诉他，用手指着观察的物体，来引导他观察。

孩子2岁多了，你可以给他看两张图片，让他观察一下有哪些不同。还可以观察小动物是如何吃东西的，他们喜欢吃什么？再大一些的孩子，你可以和他共同种植一棵小植物，每天让孩子观察小植物的变化，并让他做好记录。

之所以强调培养孩子的观察能力，是因为通过培养孩子的观察能力才能促进他们智力的提高。鲁迅曾经说过："如要创作，第一需观察。"因而孩子要学习成长，首先要学会观察。

总而言之，游戏运动是重要的生理刺激之一，是系统地刺激活动感受分析器的有效方法。大脑支配人的各种复杂活动，大脑产生相应的条件反射。所以，让婴幼儿进行适当的游戏运动，对他的肌体锻炼和智力开发都是有相当大的益处。

不要错过陪伴孩子的有效期

在开启这一节的话题之前，我们先来看一组数据：据相关的研究显示，孩子的智力发育50%左右是在4岁之前完成的，另有约30%是在4～8岁间完成的。在这个智力发育的关键期，父母能否对孩子进行很好地开发和启蒙，是决定其今后智力高低的关键因素。

也就是说，从孩子出生到8岁，孩子的智力发育完成了80%，是智力发育的关键时期，在这个关键时期，父母能否进行很好地开发与启蒙，又起到了关键性的作用。那么，从孩子出生到8岁这段时间，大多数父母都在干什么呢？

这段时间是父母最忙碌的时候，一方面新生命的到来，给家庭带来了一定的经济负担，很多生完小孩的妈妈们往往只能休几个月的产假，就将孩子托付给家里的老人照看，之后便投入到工作中去了。另一方面，既要照顾孩子，又要忙于工作，常常使父母们焦头烂额，能保证孩子吃饱穿暖就已经不错了，根本没有经历思考如何开发孩子的智力。

特别是一些经济不发达的地区，很多年轻的父母都要远离家乡到经济发达的城市去谋生，将孩子留在老家，托付给家里的老人，孩子常常是一年半载见不到父母，等到孩子到了上幼儿园的年纪，才把孩子接到身边，结果却发现孩子与父母一点都不亲近，突然离开了熟悉的环境，也让孩子无所适从，从而引发心理问题。

我们经常说，陪伴是最好的爱，殊不知，陪伴也是促进孩子智力发展、潜能开发的最好方法，根据英国每日邮报研究指出，如果在学龄前的儿童拥有较多母爱及亲情的爱时，对学习力甚至是智力都有莫大的帮助，也就是说小时候由妈妈或爸爸照顾的儿童，未来身体会更壮，更聪明。

关于这一点，也得到了华盛顿大学圣路易斯医学院的神经科教授琼·L.卢比的认同。他经过研究发现，适龄儿童早期若由母亲哺育，是拥有较大的海马结构的关键，也拥有较强的学习力、记忆力，大脑的反应力也较快。所谓的大脑海马是掌管学习及记忆系统，它是大脑边缘系统的一部分，日常生活中的所发生的任何记忆，都借由大脑中的海马回馈给神经网路，使记忆保留在大脑中。

所以，在孩子智力发育的关键时期（0~8岁）是离不开父母的陪伴的。错过了春华，何来的秋实？无论你多忙，也尽量抽出些时间来陪陪孩子，一旦错过了陪伴的最佳时期，就将是终生的遗憾，无法弥补。

接下来，我还要和大家探讨一个问题，那就是如何陪伴孩子。可能很多人都觉得这是个不用探讨的问题，和孩子在一起不就是陪伴了吗？真的是这样吗？我们先来看一则发人深省的故事——《等一会儿，冬冬》。

冬冬说："喂，爸爸。"

爸爸说："等一会儿，冬冬，爸爸现在忙着呢！"

冬冬说："喂，妈妈。"

妈妈说："等一会，冬冬，妈妈现在没空。"

冬冬说："妈妈，花园里有一只怪兽要吃掉我。"

妈妈不耐烦地说："等一会，冬冬，妈妈现在没空。"

　　冬冬来到花园里，他对怪兽说："喂，你好，怪兽！"怪兽一口就把冬冬吃掉了。然后怪兽走到了冬冬的家。怪兽走到冬冬妈妈的背后，大叫了一声。冬冬的妈妈说："等一会儿，冬冬，妈妈现在没空。"怪兽张大嘴巴，咬了冬冬爸爸一口。冬冬的爸爸说："等一会，冬冬，我现在正忙着呢！"

　　"吃晚饭了。"冬冬的妈妈说，妈妈把冬冬的晚饭放在电视机前，怪兽把晚饭一下子就吃光了，之后，它又看了一会儿电视。冬冬的妈妈大喊："冬冬，该上床睡觉了。记得睡前把桌子上的牛奶喝了。"怪兽喝了一口牛奶，大声地说："喂，我可是一只怪兽啊！""冬冬，妈妈现在没空，赶快上床睡觉吧！"冬冬的妈妈催促道。

　　这则故事反映出了很多家庭的现状，父母都在家里，但孩子却得不到有效的陪伴，陪伴不等于待在一起，如果父母与子女之间没有沟通、交流，完全是两条平行线，这不算是陪伴。如今，在很多家庭中都会出现这样一个场景：爸爸拿着手机坐在沙发的一端聊微信，妈妈坐在沙发的另一端看用手机追剧，孩子自己坐在一旁玩电脑游戏。

　　这是一种非常可怕的现象，久而久之，孩子就会走向冷漠。当他需要你的陪伴时，父母却在自己的小世界里乐此不疲，冷落他、疏远他，等到哪一天，孩子不需要你了，你再想走进他的世界，他也会排斥你。

　　在孩子成长的关键期，没有什么比陪伴更重要的事情了，那么，父母该如何有效地陪伴孩子呢？

　　首先，用心地陪伴。陪伴，是一种互动的关系，你坐在孩子身边，和孩子一起看电视，我认为这算不上陪伴，因为你们之间没有互动和交流，真正有效的陪伴是和孩子共同去完成一件事，比如，一起搭积木、一起画画、一起做手工，遇到困难的时候，一起想办法解决。

陪伴孩子就要一心一意，不可心猿意马。有些父母在陪孩子的同时，总是做着或想着自己的事情，看电视、聊微信，或者和别人聊天，这都算不上有效地陪伴，也无法让孩子感受到父母在身边的快乐与幸福。

其次，及时给孩子必要的帮助。孩子在成长过程中会遇到很多挫折、困难，这对于缺乏生活经验的孩子来说，是一个很大的问题，他们需要你在身边安抚他紧张、焦虑的情绪，引导他如何处理这些问题。帮助孩子渡过难关，这对他的成长进步都是非常重要的。

第三，保证充足的陪伴时间。美国皮尤研究中心的统计数据显示，家长陪伴孩子的有效时间，"及格线"为每周21.2小时。也就是说，每天至少要有三个小时的时间，以这个标准来衡量一下自己，你是否做到了呢？

不要以忙为借口来拒绝孩子，或许你认为把时间花在有价值的事情上更好，那么，你认为还有什么事情比陪伴孩子更有价值、更重要的吗？有句话说得很有道理：任何事业上的成功都无法弥补孩子教育上的失败。说的就是孩子的成长是不可逆的，他愿意偎依在我们身边，听我们讲故事，和我们一起游戏的时间，就那么几年，等他长大了，他就会飞走了，到时候你想陪伴他，他都不需要了。好好珍惜当下的时光，好好陪一陪孩子吧，对孩子来说，没有什么比有父母陪伴更幸福更有意义的事情了。

敏言慧语

艾瑞克森德人格发展阶段理论认为，人格在人的一生中都在不断地发展。他提出了8个阶段，认为每一个人都经历这8个阶段，每一个阶段对人格发展都至关重要。在出生后的第一年或后来的岁月中，新生儿完全处在周围人的慈爱中。婴儿是否得到了充满爱的照料、他们的需要是否得到了满足、他们的啼哭是否得到了注意，这都是他们人格发展中的第一个转折点。需要得到了满足的儿童，会产生基本的信任感。对受到适当的爱和关注的儿童来说，世界是美好的，人们是充满爱意的，是可以接近的。然而，有一些儿童在一生中对他人都会是疏远的和退缩的，不相信自己，也不相信他人。

把握好孩子成长的"花期"

很多人都听说过狼孩的故事，接下来我要讲的是一个叫卡玛拉的狼孩故事。

1920年，一位印度传教士辛格在印度加尔各答的丛林中发现两个狼哺育的裸体女孩。大的女孩约8岁，小的1岁半左右，辛格给他们起名字，大的叫卡玛拉，小的叫阿玛拉，经过检查，发现她们身体的生物系统是正常的，只是有些营养不良。

这两个狼孩虽然长得和人一样，但生活习惯却和野兽一样，不会用双脚站立，害怕日光，习惯在黑夜里看东西，定时发出非人非兽的尖锐的怪声。她们完全不懂语言，也不发出人类的音节。

两个狼孩被领进孤儿院之后，辛格夫妇非常爱护她们，耐心抚养和教育她们。两个孩子中，阿玛拉比卡玛拉进步要快很多，两个月后，当阿玛拉渴了想喝水的时候，她就会发出水的声音，而且她对其他孩子的活动也表现出了兴趣。遗憾的是，阿玛拉在孤儿院住了不到一年，便死了。

卡玛拉的教育就没有那么容易了，辛格博士下了很大的工夫使其"恢复人性"，但进展非常缓慢，进院16个多月后卡玛拉才会用膝盖走路，两年后，卡玛拉终于学会了直立，但需要有人扶着，学会单独直立行走，她用了六年的时间，但不会跑，想走快时，她还是需要四肢并用。

不仅如此，卡玛拉的语言发展也非常糟糕，她用了25个月的时间才开始说第一个词"ma"，四年后一共只学会了6个单词，七年后增加到45个单词，并曾说出用3个单词组成的句子，但直到死也没有真正学会说话。15岁的时候，她的智力只相当于2岁婴儿，不幸的是，她在17岁那年因感染伤害热病而死亡，其智力只相当于三四岁孩子的水平。

其实，在大脑结构上，狼孩和同龄人没多大差别，那么，是什么导致卡玛拉智力低下呢？是因为她长期脱离人类社会，错过了大脑发育的最佳时期，使大脑的功能得不到开发，从而造成智力低下。相比之下，阿玛拉由于年龄小，她的智力就恢复得较好。

大家都明白春播秋收的道理，每一种农作物的生长都有规定的节气，错过了节气，就会影响收成，甚至没有收成，就像每种花都有一定的花期一样，孩子的成长也是有一定规律的，在恰当的时间进行恰当的教育，可以事半功倍，最大限度地促进孩子的智力发展和潜能开发。接下来，我就和大家来探讨一下孩子的成长"花期"。

孩子成长的关键期，我喜欢把它称之为"花期"，因为每一次"花期"都意味着孩子又向前迈了一大步，总是能给人以美好的感觉。"花期"是由出生后一个接一个的敏感期组成的，在各个时期有针对性的培养，孩子会学得更好、更快，使他们的一生受益，相反，如果错过了，往往需要花费更多的时间与精力，且效果也会欠缺些。

第一个"花期"——感觉发育关键期。

孩子从出生开始，就会借着听觉、视觉、味觉、嗅觉、触觉的感官来了解事物，来学习。当然，不同的感官发育的先后顺序是不同的。

0~4个月是听觉敏感期。这时候父母要加强孩子的听觉训练，比如用带声响的玩具逗宝宝，让他寻找声音的来源。睡醒的时候，妈妈用亲切的语调和宝贝说话，逗他发音，有利于促进婴儿听觉与语言的发展。

0~6个月是视觉敏感期。刚出生的婴儿，视觉还不是很发达，他需要看黑白对比的事物；2个月的婴儿，如果你在他的身边来回走动，他的视线也会跟着你左右水平的移动；到了3个月，他又长本事了，可以跟踪上下垂直位的移动，你在他的头上放一个气球，上下移动，可以有助于发展他的视觉；4个月的婴儿最喜欢看的事物就是人脸，你可以做一些脸部表情给孩子看；5个月的婴儿最"臭美"，因为他爱上了照镜子，你把他抱到镜子跟前，他会高兴地挥舞着小手，拍打镜子，乐此不疲；到了6个月，你会发现孩子变得认生了，如果有陌生人抱他，他会感到不安，甚至哭闹。

4~8个月是味觉敏感期。宝宝到了三四个月，你可以用筷子蘸一些菜汤让他品尝，促进他对各种味道的感知能力。在这里，我想提醒一些妈妈们，有些妈妈担心更换奶粉，会让孩子不适应，殊不知，这样做容易导致宝宝的味觉变得不灵敏。

6~10个月是嗅觉敏感期。这时候的宝宝不用看到妈妈，只要闻到妈妈身上的味道，他就会非常高兴，有经验的妈妈会有这样的感触，宝宝即使不睁开眼，他也能找到乳头的位置。此时，应该让宝宝尽可能地接触到各种气味，比如醋、香油、白酒等，还可以带着宝宝到大自然中去感受到花草树木的气味。此外，给孩子添加辅食时，品种尽量不要单一，否则会养成孩子挑食的坏毛病。

1~12个月是触觉敏感期。你会发现孩子在四五个月的时候喜欢扔东西，此时他拿东西还是用手去抓，五个手指都用力，但是到了八九个月，他的手指就变得灵活了，只需要用拇指和食指就可以捏住很小的东西。因为这个时期手指尖和嘴巴周围的感官最敏感，所以，他拿什么东西都喜欢往嘴里放，还喜欢吃手，这都是正常的。训练孩子的触觉，你可以带他做触摸不同材质的物体，促进他触觉的发展。

第二个"花期"——动作发展关键期。

关于婴儿的动作发展，有这样一句顺口溜：三翻六坐八爬。其实除了这三个典型的敏感期，每个月的动作发展都是有一定的规律的。

2~3个月是婴儿抬头的敏感期，通常在孩子出生42天的时候，就可以训练孩子抬头，你可以让孩子的上半身靠在你的胸腹部，双手托着孩子的屁股，这既可以训练孩子抬头，也可以让孩子以不同的视角观察周围的事物。很多父母喜欢让孩子趴在自己的肩膀上，这样做有两个不利的因素：一是孩子看到的人和物都是向后退的，这会让他感到不舒服；二是孩子的脸部接触成人的衣物，会过敏，还会引发湿疹。

3~4个月是孩子的翻身敏感期，你可以引导孩子去翻身，先用一些带声响的玩具吸引宝宝，这时候宝宝通常会将头部和身体侧向一边，并试着伸手去抓玩具，刚开始的时候，它可能只有上半身能翻过去，下半身还不能完全受大脑的控制，无法跟上节奏，你可以稍微移动他的双腿，让双脚呈交叉的姿势，这样他就能顺利地翻身了。

6个月左右是孩子的起坐敏感期，你可以在他4个月的时候，用手支撑他的背部、腰部，让他小坐一会儿；6个月左右，他坐下时已经不需要支撑物，但背肌发育得还不是很好，你可以用枕头给他垫背，以便让他坐得更稳。

7个月左右是翻滚敏感期，你会发现孩子喜欢在床上翻来翻去，此时也是最容易掉到床下的时候，你要给孩子提供一个安全的环境，让他尽情地翻滚。

8个月左右是爬行敏感期，一般在5~6个月的时候，父母就要训练宝宝了，让他为爬行做好准备，让宝宝趴在床上，在宝宝的头部上方放一些颜色鲜艳的玩具，吸引他注意，此时，宝宝多会做出爬行的动作，但因双腿力量不够，他还无法大幅度地移动，你可以用双手支撑他的脚丫，在他用力的时候，向前推他一下，助他一臂之力。

11个月左右是站立敏感期，你可以让宝宝扶着床沿站立一会儿，或者靠在墙上站立一会儿，并鼓励他向前迈步。

12个月左右是行走敏感期，很多孩子在一岁的时候已经蹒跚学步了，但走得还不是很稳当，此时要加强练习，并保证孩子的安全，防止摔倒。

第二个"花期"也被称之为孩子的第二次降生，应尽快让孩子学走路，让孩子得到充分的运动，发展大肌肉动作，这有利于促进孩子左右脑的均衡发展，以及智力的发育。

第三个"花期"——语言发展关键期。

孩子的语言敏感期出现在6个月左右，6个月左右的孩子经常会一个人咿咿呀呀地说个不停，这是在为说话做准备，父母可以和孩子进行一些简单地"交流"，比如呼唤宝宝的名字，鼓励他多发声。

1~2岁左右出现语言爆发，在这个时期，父母要养成重复的习惯，一个词语重复几遍说给宝宝听，以巩固他的记忆，增加与宝宝讲话的时间，你可以随时随地和宝宝讲，讲他身边的人和事，注意无论讲什么，发音一定要清晰，而且一次不能给他太多的信息。

细心的妈妈会发现，孩子在3岁前听得多说得少，因为3岁前是听的敏感期，过了3~4岁这段时间，孩子说的话明显多了起来，经常会问你这是什么那是什么，为什么是这样的等等，因为此时是孩子语言表达的敏感期。

5~6岁是应用、阅读、理解的敏感期，在这个阶段，应给孩子多买一些适合他阅读的图书，并逐步养成阅读的习惯。

第四个"花期"——对细微事物感兴趣关键期。

1~2岁的小孩总是喜欢捡起地上的小纸片、头发丝，喜欢抠衣服上的小洞洞或者是墙上的钉子眼，因为此时孩子正处于对小事物的敏感期，这些细小的东西在孩子眼中是非常有趣、新奇的，此时你应该有意识地引导孩子去观察这些细小的事物。

在女儿1岁半的时候，我经常会往地上放一些小米粒、馒头渣，引一下小蚂蚁过来，然后让孩子观察这些小蚂蚁，看它们是如何把食物搬回家的。所以，直到现在孩子都喜欢观察蚂蚁，自然观察智能得到了正向的刺激。

1岁半~3岁，对细节敏感期，你会发现孩子常常能够发现一些大人无法注意到的事物，比如有一张老师正在低头给小朋友讲故事的图片，在孩子看来，他或许会认为老师睡着了，因为老师的眼睑下垂，仔细观察，确实有些像睡觉的样子。对于孩子的这一行为，不要给予批评，要引导他多观察，以他的视角去看世界。

3~4岁是质感触觉探索敏感期，父母可以和孩子一起玩水、玩沙，多做一些有趣的游戏。

第五个"花期"——秩序形成关键期。

2岁半的彤彤与爸爸从游乐园回来，奶奶听到门铃响，赶紧去开门，彤彤看到开门的是奶奶，说什么也不肯进来，大声地喊道："我要妈妈开门，我要妈妈开门。"正在厨房忙碌的妈妈没有办法，重新为彤彤打开门，彤彤才高高兴兴地一蹦一跳地跑了进来。

2岁的乐乐躺在床上都要睡着了，突然大叫起来，手指着衣橱的位置，妈妈不明白是怎么回事，问乐乐怎么了，可乐乐还表达得不是很清楚，只是着急地嚷："关上，关上。"原来，妈妈在给乐乐拿睡衣的时候，忘记关衣橱的门了，妈妈重新关好衣橱的门，乐乐才安心地睡觉。

看过彤彤和乐乐的故事，可能很多父母都会觉得这两个孩子真够矫情的，其实不是孩子矫情，而是孩子进入了秩序敏感期。从出生到4岁是宝宝秩序感形成的敏感期，处于这个时期的孩子，内心的秩序感要求外部的秩序必须与之相符，否则他就会感到不舒服，哭闹，要求父母弄回原来的样子。

儿童的秩序敏感期呈现螺旋式上升的三个阶段：第一个阶段，为了秩序的破坏而哭闹，秩序恢复了，他就会平静下来；第二个阶段，为了维护秩序而说"不"，自我意识开始萌芽；第三个阶段，为了维护秩序而执拗，一切要重新来。

父母要接纳孩子的固执，支持孩子要求把物品放回原位的要求，因为有秩序的环境会让孩子感到安全，当然，父母也可以利用宝宝的这一特性，帮助孩子建立有秩序的生活习惯。

第六个"花期"——规范建立关键期。

2~6岁是规范建立的关键期，随着自我意识的增加，孩子开始有了自己的想法，穿什么样的衣服，喜欢什么样的颜色，喜欢和谁一起玩耍等，他们的社会交往活动也进一步扩大，学会了与小伙伴们一起合作，做事越来越像"小大人"，与小伙伴们一起玩耍时，孩子们有自己的规则，不愿意成人的介入。

在这个时期，是教孩子懂规矩的关键期，父母要引导孩子脱离以自我为中心，学会与小伙伴们一起分享，并逐步帮助孩子建立正确的生活规范、日常礼仪，养成自律的习惯。

第七个"花期"——阅读、书写关键期。

从4岁开始，孩子由看图发展到识字，这是孩子的阅读启蒙敏感期，此时要多陪孩子看看书，认识一些汉字；4~7岁是大量识字的阶段，可以给孩子买一些汉字卡片，每天抽出一些时间教孩子识字；8~10岁就进入了自由流畅阅读的阶段，经过前期汉字的储备阶段，此时孩子已经认识不少汉字了，阅读起来基本没有困难了。

通常从小学三四年级开始，孩子就进入了第一个黄金阅读期，此时父母要多给孩子提供一些适合阅读的书籍，并养成每天阅读的习惯，丰富他们的小头脑。

以上为大家讲解了孩子成长的七个重要"花期"，对孩子大脑发育的关键时期是在生命的最初三年，儿童的脑细胞组织在3岁之前就已完成60%，3岁之后大脑发育速度明显转慢，趋于停止。

这一时期是儿童在形成知觉、记忆、思维等过程中最为敏感的时期。俗话说，"三岁看大，七岁看老"。一旦错过了，后天将很难弥补。所以，父母们一定要好好把握这一时期。

低声教育与自知智能开发

当孩子犯了错误后，你通常会怎么做？歇斯底里地朝孩子大喊？还是轻声细语地跟他讲道理？对于这个问题，可能很多父母并没有太在意过，往往是根据自己的心情来选择采用哪种方式教育孩子，他们并没有意识到不同的教育方式，会对孩子产生怎样不同的结果。

我经常对家长们说："孩子就是父母的一面镜子，通过孩子，我能够看到孩子父母的影子。"我们会发现有些孩子性格温和，做事有条不紊，那么，他们的父母的性格通常也是很好的。相反，有的孩子脾气就很火爆，什么事情做得不顺心了，立马就火冒三丈，那么，他们的父母也一定是个急脾气。

我认识一对双胞胎姐妹，丽丽和娇娇。在她们很小的时候，父母就离异了，丽丽和母亲一起生活，娇娇和父亲一起生活。虽是双胞胎，但性格截然相反。

据丽丽和娇娇的班主任反映，丽丽是一个性情活泼开朗，遇事不急不躁的女孩，无论是生活上还是学习中遇到困难，她总是想办法解决，而且自我控制能力很好，特别遵守纪律，对自己的学习生活都做有详细的计划，所以，丽丽的学习成绩一直名列前茅。

娇娇则是一个脾气非常暴躁的女孩，遇到一点不顺心的事情就会大发脾气，有一次考试，娇娇连着碰上两道题目答不上来，一气之下，竟然把试卷撕得粉碎，还使劲地捶打桌子，老师不得不将他请出了教室。

起初，老师也感到奇怪，这两个孩子为什么在性格上有这么大的差异呢？原来她们的爸爸是个火爆脾气，而且爱喝酒，喝酒之后，脾气就更糟糕了，娇娇的学习成绩退步了，爸爸总会严厉地批评她，甚至是打她，久而久之，娇娇也和爸爸一样，遇到不顺心的事情就发脾气。

丽丽的妈妈是一个十分谦和温顺的女人，她非常关心丽丽的生活、学习，用丽丽的话说，妈妈是她的闺蜜，有什么事情她都会和妈妈讲，每次妈妈都会耐心地倾听，然后和她一起想办法解决，即便是丽丽犯了错误，妈妈也从来没有大声地吼过她，所以，丽丽的性格和妈妈很像，做事有条不紊，遇事不急不躁，积极向上。

从这个案例中，我们可以看出低声教育比粗嗓门教育更有效果，更能让孩子接受，可有些家长总认为自己提高说话的分贝，就能让孩子屈服，让孩子听话，同时也能显示出家长的威严，其实这是一种误解。

关于这一点，心理学家也早有研究，他们发现处理同一件事情，不同的声调会收到不同的效果，父母在批评孩子时，用温和的低声调，孩子更容易接受。

因为低声调不容易激怒人，使人的情绪更加的平和，更加的理智，也不容易使孩子产生抵触、逆反的心理，这样一来，与孩子沟通起来就会很顺畅，这是其一。

其二，心理学中有一个踢猫效应，就是当你心情不好时，你会不由地把不良情绪传导给别人，如果父母无法控制情绪，就会把这种不良情绪传导给孩子，所以，我们经常看到父母大喊，孩子大声哭泣的场景。这样一来，就起不到教育的目的了，低声批评孩子，就可以让孩子集中注意力，听你说什么，孩子听进去了，才会改正错误。而且你平和的情绪，也会让孩子心情平静。

其三，父母的粗嗓门教育对孩子的性格培养不利，父母是孩子的第一任老师，在孩子身上总能看到父母的影子，如果父母遇事不冷静，脾气暴躁，那么，他的孩子就会"遗传"父母的这一特性，对孩子的性格必将造成不利的影响。

说到这里，可能会有家长感到疑惑，这低声教育与潜能开发有什么关系呢？两者似乎毫无联系呀？在这里我先给大家介绍一下潜能开发包含的内容，很多父母错误地认为潜能开发就是智力开发，其实这种理解是片面的。

根据现代的研究，孩子的潜能开发应该包含8个方面的内容：音乐智能、运动智能、语言智能、社会交往智能、数学智能、空间智能、自知智能和自然智能。在这一节，我强调低声教育，其目的是让孩子养成好性格，这对于他的自知智能的发展是非常有益的。

自知智能指的是一个人自我认知和控制的能力。一个自知智能较高的人，他们了解自己的优缺点，认识自己的情绪、动机、兴趣与愿望，以及自尊、自知、自律，能够做出适当的行为，表现自我觉察能力。

在丽丽与娇娇的案例中，我们能够明显感觉到娇娇的自我控制能力很差，对自己的情绪无法把控，这就是自知智能低下的一个表现，丽丽则对自己有清醒的认识，能够对自己的情绪做主，自律性非常强，所以，她的成绩能够名列前茅。

现在言归正规，经过讲解，大家已经明白了低声教育的益处，那么，该如何进行低声教育呢？首先，就是将你说话的分贝降下来，无论孩子犯了怎样的错误，都不要试图用大喊大叫的方式来解决，与孩子沟通最合适的分贝是40分贝。

其次，警惕语言暴力，所谓的语言暴力就是使用谩骂、诋毁、蔑视、嘲笑等侮辱歧视性的语言，致使他人的精神上和心理上遭到侵犯和损害。比如，有的家长经常对孩子说："你真是笨死了，我怎么生了你这么个笨孩子"、"你再不听话，我就不要你了"、"你除了哭，还能做什么，你就是个窝囊废"……

当孩子做错了事，很多时候，父母是很难控制自己的情绪不去批评孩子的，但是，请你在说话前，一定要想一想，你即将说出的话，是否会对孩子造成不良的影响。父母应该明白一点：我们批评孩子是为了孩子改正错误，应该就事论事，而不是发泄自己的情绪，更不能说出伤害孩子自尊心的言语。

最后，在孩子犯错误之后，你要告诉孩子哪里做得不对，下次应该怎么做。我们在超市、商场经常看到有的小孩因为父母没有满足他们的要求，坐在地上大哭，令父母十分的尴尬。

为了避免这种情况的发生，每次我都会在去超市之前，提前告诉女儿，今天我们去超市买什么，其他的东西都不能买。如果你不听妈妈的话，大哭大闹，那么，下次妈妈就再也不带你去超市了。因为提前打好了预防针，所以，女儿从来没有出现过不买她要的东西，就大哭大闹的情况发生。

有些父母在孩子出现哭闹的情况之后，只会大声斥责、打骂孩子，但下次还会出现这种情况，就是因为你从来没有把你所期望孩子做到的要求告诉他。俗话说，无规矩不方圆。而规矩不是事情发生时才制订的，你要提前就要有一个预期，早点告诉孩子。

学会低声教育孩子，不仅有利于孩子自身的成长，其实，也是对我们自身修养的一次升华。

用挫折激活潜能

我曾经做过一个有趣的小调查，我问幼儿园小朋友的家长，你们每天回去会经常问孩子什么问题？多数爷爷奶奶的回答是："你今天在幼儿园吃的是什么，吃饱了吗？"年轻的父母问得最多的则是："你今天学习了什么，有没有小红花?得了几个'优秀'，是不是班上小朋友得的最多的？"

从这个回答中，我们可以看出两代人教育观念的差异，爷爷奶奶关心的是孩子的物质需求有没有得到满足，年轻父母则比较关心孩子的学习情况，看似年轻父母的做法很合理，其实不然。因为他们关心学习的目的是想知道自己的孩子是不是足够优秀，是不是比其他孩子强。现在的孩子有一个普遍现象就是争强好胜，输不起，做游戏也好，参加比赛也好，只能赢，不能输，一旦输了，就哭闹、发脾气，以下的两个场景我们并不少见。

情景一：4岁半的乐乐与父亲下象棋，平时父亲都是让着乐乐，这次父亲故意赢了乐乐，乐乐非常生气，一把就把棋盘推倒在了地上，哭着喊着："你为什么不让着我？"

情景二：绘画课上，老师让小朋友们画小鸡，小朋友们画的都非常认真，老师表扬了其中的一个小朋友，"你的小鸡画的真好！"坐在旁边的小朋友天天怎么画都觉得自己的画画得不好，先是把画笔重重地摔在了地上，然后又把自己还没有画完的画撕得粉碎。

乐乐与天天都是争强好胜的孩子，同时他们又都是输不起的孩子，乐乐在自己输了比赛之后，就去破坏棋盘，以发泄自己的不满；天天在遇到困难的时候，没有耐心，无法坚持，又看不得别人比自己强，所以就做出了撕坏自己的画的行为。

那些输不起的孩子通常会表现为在失败的时候大哭大闹，以此来期望别人让着自己；大发雷霆，做出一些破坏性的行为，如推倒积木、撕烂画纸等；会因为嫉妒或者仇恨他人，对他人大打出手；耍赖，故意违反游戏规则，来使自己赢得胜利；也有的孩子会表现出逃避行为，不愿意接受挑战，"我不和你玩了"。

以上孩子的这些情绪都是正常反应，"想赢"是一种天性，是儿童心理发展的必经阶段，在儿童在"以自我为中心"的成长阶段，他们希望在他人面前，或者在集体活动中，"我"能受到关注，得到别人的认可，比如，有一个孩子拿到了跆拳道黄带，他非常高兴，就对妈妈说："我把白带、白黄带、黄带都系在腰上，到小区里走一圈吧。"很显然，孩子的这个行为就是想得到别人的认可和赞扬。

每个孩子都渴望成功带来的喜悦与满足，这是孩子的天性，孩子对得失往往没有考虑得太多，他们只是觉得输了不开心而已，对于孩子的这些行为，首先我们要给予理解，不要去责备他，并逐渐帮助他树立正确的竞争意识，正确看待成败。

有些父母总是想尽一切办法帮助孩子克服前进路上的障碍，害怕孩子承受困难与挫折。殊不知，挫折、困难才是激发一个人潜能的最大动力。古往今来，有许多名人都是经过逆境奋进成功的，太史公受辱而作《史记》；杜甫流落才著《三吏》《三别》；吴敬梓落第方有《儒林外史》；贝多芬克服了耳聋的折磨，以齿抵琴键，奏出了一曲欢乐的颂歌以及家喻户晓的《月光奏鸣曲》……

失败并不可怕，可怕的是孩子"输"不起、又想赢的纠结心理，所以，父母一定要培养孩子正确的竞争意识，让孩子学会正确地看待成败。首先，我们要清楚是什么原因导致了孩子"输不起"，除了"想赢"是孩子的天性以外，还有很多原因是我们家长造成的，常见的原因有两个：

习惯拿自己的孩子与别人的孩子比较。

"今天你们班上谁得的'优'最多呀？""你考了99分，班上有几个人考了100分啊？""为什么你的同学那么快就学会了，你怎么就学不会呢？"家长总是习惯拿自己的孩子与别人的孩子比较，因为我们好比较，希望孩子比别人强，并把这种思想灌输给了孩子，所以，孩子也开始争强好胜。

最可怕的是，我们有这样一个错误的观念：竞争意识要从小培养。培养孩子的上进心、进取心没有错，但这种不切实际的比较，就会让孩子越比越没有信心，比如有的孩子天生一副好嗓子，你家孩子根本就不是唱歌的料，你非要让你的孩子和别人一争高下，这显然是不现实的。这样一来，一方面让孩子"输不起"，另一方面又会让孩子感到自卑，种种不良的情绪交织在一起，影响了孩子的心理健康。

天生我材必有用，每个孩子都有闪光点，父母应该发现孩子身上的闪光点，将其发扬光大，并让孩子学会与自己比较，看到自己的进步，而不是拿着自己的缺点与别人的长处比，否则，孩子"输不起"就是在情理之中的事情了。

听惯了赞美，缺少适度的批评与惩罚。

很多父母都奉行这样一条定律——好孩子是夸出来的。所以，无论孩子做什么，他们都会夸孩子做得好，做得棒！久而久之，孩子就会沾沾自喜，认为自己很了不起，一旦遭遇点挫折，或者在学校被老师批评了两句，就受不了了。

赞美固然重要，但适度的批评与惩罚也是必不可少的，这能够提高孩子的心理承受能力，在面对困难与挫折的时候，不轻言放弃，更加努力进取，而不是选择逃避、畏首畏尾。

了解了孩子"输不起"的原因，我们才能有针对性地去改进，不过，我认为最重要的是，家长从内心真正认识到让孩子"输得起"的重要性，改变自己的不正确的教育理念，才能在平时的生活、教育中，将自己的思想传递给孩子，让孩子在潜移默化中接受"输得起"的思想。

之所以现在的家长不愿意让孩子输，是因为他们希望孩子过得好，什么是过得好呢？将来赚的钱多，像李嘉诚似的，名气要大，和范冰冰、成龙似的。我认为一个人过得好不是看这些外在的东西，光鲜的外表下或许隐藏着一颗不健康的心灵，无论他有多少金钱，多大的名气，他都不会过得好。

我认为一个人过得好不好，首先就是他有没有一颗乐观、豁达的心，他能时时感到自己是身心愉悦的，那么，他一定过得很快乐，无论生活中遇到怎样的困难、挫折，他都能坦然地去面对，不解决，不会轻易地被击垮，他活得很自信、很开心、很快乐，比什么都重要。

其次，有一群志同道合的朋友，朋友在人的一生中扮演着重要的角色，每个人都需要朋友，如果一个人连一个朋友都没有，就说明他的内心是不健全的，他活得也一定不快乐。将来的社会越来是一个整体，每个人都是渺小的，要想做成一件事，需要与他人的配合才能完成，如果你没有朋友，将来注定会一事无成，那么，你的生活质量就会很糟糕。

当然，还有最重要的一点就是健康的体魄，身体是革命的本钱，没有一个好的身体，一切都是枉然，这是过得好的最基本的因素。

不过，过得好与不好是相对的，它是人的一种主观体验，每个人对好与坏的感受、体验都是不同的，但只有比较才能感受到生活的幸福与甜蜜，若非一番寒彻骨，哪得梅花扑鼻香吗？每个孩子都如同一棵小小的树苗，扎根泥土之后，只有经受风吹日晒，雪打冰冻，努力向上，克服成长过程中的重重困难，才能长成参天大树，体验到欲与天公试比高的成功喜悦。

敏言慧语

大多数儿童进入小学时，都会认为自己没有什么做不了的，但不久，他们发现开始与别的孩子展开了竞争——为学习成绩、为得到大家的欢迎、为引起老师的注意、为体育比赛中的胜利等。他们不可避免地要将自己的聪明和能力与同龄儿童进行比较。如果儿童体验到了成功，他们的竞争意识就会不断增强，这为他们今后成为积极的、有成就的社会成员铺平了道路，但失败的体验，会使儿童产生一种不适当的感情，对今后的创造与生活都期望不高。正是在这个时期，在青春躁动到来之前的少年时期，我们形成了勤奋感和对自己力量和能力的信任感，也可能形成了自卑感和对自己的天分和能力的低评价。

自信是潜能的推进器

伟大的诗人泰戈尔曾说过："自信是煤，成功就是熊熊燃烧的烈火。"一个人如果不自信，哪怕他再有天赋、再有潜能，也会一事无成，因为他没有尝试的勇气，总担心失败，这就会使得裹足不前，当然也就无法成功了。所以，我认为自信是潜能的推进器。

我认识一个叫姗姗的女孩，今年4岁半，很有音乐天赋，也非常喜欢唱歌，她妈妈说从很小的时候，她就会教孩子跟着音乐节奏跳舞，给孩子唱童谣，这与她妈妈是音乐老师有一定的关系。所以，在孩子很小的时候，她就会哼童谣了，而且嗓音非常高，父母也有意让她朝音乐的方向发展。

在孩子3岁的时候，父母就给姗姗报了一个舞蹈培训班，和她一起上课的孩子多是五六岁的孩子，姗姗最小，有些动作做得很不规范，姗姗看到大哥哥大姐姐们做得很好，有些自卑。妈妈为了让姗姗能够适应教学节奏，每天回家后都会给姗姗加课，姗姗稍有走神，或者某个动作做不好，妈妈就会严厉地批评她："你怎么这么笨啊？教了这么多遍，你怎么就学不会呢？"这更加重了姗姗的厌学情绪，以至于每次到了上舞蹈课的时候，都会哭着说不要去上课，妈妈总是连拉带拽地把她拖去，但效果并不好。

一段时间后，妈妈发现姗姗不再像以前那样爱唱爱跳了，幼儿园里有舞蹈表演，姗姗也不愿意参加，一次妈妈问姗姗："你不喜欢唱歌跳舞了吗？"没想到，姗姗竟不耐烦地说："你不是说我很笨吗？我又学不会。"

"每个孩子都是天才，是父母让他们变成了庸才"，这句话说得很有道理。每个孩子身上都有闪光点，他们原本可以把闪光点发扬光大，可是，我们的父母往往急于求成，希望孩子早点成才，取得成绩，或者采用不当的语言行为打击孩子，还误以为这样能够督促孩子进步，结果却打击了孩子的积极性，变得自卑，渐渐地，天才就变成了庸才。到头来，我们还会埋怨我们的孩子胆小、不够自信，难道这不是我们一手栽培的结果吗？

有一次我买了一条鱼放在水盆里，准备晚些时候煲汤用，邻居家里的两个小孩跑到家里来玩，看到水盆里的鱼非常高兴，一个叫莹莹的小女孩小手就去抓，一边抓一边呵呵地笑着说："真好玩，真好玩。"

另一个叫琪琪的女孩站在一旁，眼里流露出羡慕的目光，有好几次她伸手去抓，还没有碰到水盆，手就赶紧地缩了回来。平时里我经常听琪琪的奶奶说，这个孩子很胆小，人多的时候总是低着头，躲在大人身后，不敢说话。

我鼓励琪琪："你也可以用手去摸一摸，鱼的身子很滑的，你试一下。"我小心翼翼地握着她的手向鱼靠近，她轻轻地用手碰了一下鱼鳞，就赶紧缩了回来。"是不是很好玩？"琪琪开心地点点头，显然她对自己刚才的"突破"很欣喜。一旁的莹莹说："阿姨，你看我敢摸它的嘴巴。"琪琪听后也变得胆大起来，想去摸一摸鱼的嘴巴，这时，琪琪的奶奶走了进来，厉声对琪琪说："鱼咬手！"琪琪吓得赶紧把手缩了回来，再也没敢碰鱼一下。

刚出生的孩子就是一张白纸，他所接受的信息都是来自外界环境，尤其是家庭环境，家长给他输入怎样的信息，就会给他带来怎样的影响。幼儿阶段是形成自信的重要时期，自信是孩子成才与成功的前提条件，一个缺乏自信、充满自卑的孩子，即使脑子很聪明，但遇到困难后，就会发生问题。所以，培养孩子的自信，是促进孩子潜能开发的前提，孩子拥有了自信，其潜能开发的效果就会事半功倍，那么，父母该如何培养孩子的自信心呢？

首先，做一个积极向上、有自信的父母。有些父母虽然能够意识到培养孩子自信的重要性，平时在对待孩子时，也多会鼓励他，夸奖他，但是效果却不好，这是为什么呢？

李娜是一个比较自卑的人，她自己也意识到自卑的害处，所以，有了孩子之后，她很注意培养孩子的自信心，总是鼓励孩子，但是她发现孩子还是经常会说："这样能行吗？"原来，李娜在遇到困难时，总会表现得很不自信，"这样能行吗？"其实是李娜的口头禅，致使孩子在潜移默化中继承了母亲的缺点。

俗话说，种瓜得瓜种豆得豆。我们传递给孩子什么样的信息，就会给孩子带来怎样的影响，这种影响并一定来自你平时对孩子的管教，而是你的一言一行，所以，要想让孩子变得有自信，你自己先要有自信，变得积极阳光。

其次，夸奖只是皮囊，更重要的是让孩子有成功的体验。大家都知道夸奖对培养孩子自信的重要性，平时也会有意识地多夸奖孩子，"你真棒！""你有进步了！"关于夸奖的方法已经有很多介绍了，在此我不再赘述。但我认为夸奖只是皮囊，并不能让孩子完全地、真正的自信起来，更重要的是给他创造机会，让他体验到成功。

一次成功的体验远比一百句夸奖都有用得多，这种成功的体验会在孩子身上停留很久，在他幼小的心灵里留下深刻的印象，甚至对他的人生都有重要影响。现在你来回忆一下第一次考了全班第一是什么时候？是不是记忆很深刻，现在回想起来，还能把当时的细节以及心情描述得很清楚，这就是成功的体验的力量与美好。成功的体验多了，孩子就会更加自信了。

现在有些父母总喜欢给孩子拔高，阅读一些不符合他们年龄的书籍，或者做一些孩子做起来比较困难的事情，本文开头的姗姗就是一个例子，让她与大孩子们一起学习，妈妈又要孩子达到大孩子的标准，就会大大挫伤孩子的自信，到头来得不偿失。

每个孩子都是小精灵，他们的身上具有无限的潜在的能力，只要经过适当的开发，任何事情他们都可以学会。你要坚信这一点，你才能相信你的孩子，对孩子有信心，孩子对自己才能更加自信。

让我们一起来学会等待

大家都听说过方仲永的故事，不到5岁的仲永就能作诗，是一个早慧的孩子，待成年后却成了一个普普通通的孩子。王安石说，仲永是因为没有受到后天的教育，所以才将聪明才智荒废掉了。

如今，很多家长都认识到了后天教育的重要性，也非常重视孩子的后天教育，所以，成就了很多少年大学生。王思涵就是其中之一，1987年出生的王思涵，10岁时就以优异的成绩考进了东北育才中学少年班。只读过小学三年级的他，用4年的时间完成了初、高中课程。2001年，14岁的他以572分的高考成绩考进沈阳工业大学自动化专业。

然而，四年后，本该毕业的王思涵，却因"除英语及格外，其他科目成绩为0"，被学校"责令退学"。这样的结局令人意外与震惊，但当我了解了王思涵的背后故事后，我反倒觉得让他退学未必不是一件好事。

王思涵的学习生活很简单，中学生活＝学习＋睡觉，大学生活＝看书＋发呆。学习成了他生活的全部，虽然他的智力超群，但是他的人际交往能力、适应社会的能力以及抗挫的能力都未能得到锻炼，以至于他上了大学之后，无法适应大学的生活，在大学四年里，他拒绝参加一切活动，不愿意与老师、同学交流，深陷父亲等亲人离去的痛苦中无法自拔，最终落得个尴尬退学的境地。

归根结底，王思涵的问题还是出在生理、智力和心理发展的不和谐上。《道德经》中有这样一句话："五色令人目盲，五音令人耳聋，五味令人口爽。"意思是说，超负荷的刺激和信息对孩子的成长有百害而无一利。持有同样观点的还有诸葛亮，诸葛亮晚年得子，取名瞻。他在给兄弟的书信里说："瞻今已八岁，聪慧可爱，嫌起早成，恐不为重器耳。"意思是说，孩子早慧，很可能有其代价。

以写字为例，很多家长教二三岁的孩子握笔写字，这对孩子来说是非常有难度的，写字是个精细活，孩子需要一定的模仿能力，手部能够完成正确握笔动作，手眼动作协调性较好时，才能学写字。

从儿童发育的角度来讲，3岁以下的孩子主要以涂鸦代表写字；3～4岁时能尝试以点或线写文字或数字；4～5岁左右则进入了直线曲线期，能尝试模仿写自己的名字。所以，5岁才是孩子学习写字的好时候。

《论语·子路》中有这样一句话："无欲速，无见小利。欲速则不达，见小利则大事不成。"司马光在《与王乐道书》中也说过："夫欲速则不达，半岁之病岂一朝可愈。"父母望子成龙、望女成凤的心理可以理解，但不能违背孩子成长的规律，急于求成、恨不能一日千里，往往事与愿违，欲速则不达。

宋朝的朱熹是个绝顶聪明之人，十五六岁的时候就开始研究禅学，但到了中年之时才感觉到速成不是创作良方，经过一番苦功方有所成。他以十六字真言对"欲速则不达"作了一番精彩的诠释："宁详毋略，宁近毋远，宁下毋高，宁拙毋巧。"

孩子的成长有其自然规律，以上的这些案例都已经很好地说明了这一点，现在我们再来看两个心理学实验，先来看看美国著名儿童心理学家格塞尔曾做过一个很著名的实验——双生子爬梯。在这个实验中，其中一个双生子从48周起每天做10分钟爬梯训练，连续6周。到第52周，他能熟练地爬上5级楼梯。在此期间，另一个双生子不做爬梯训练，而是从53周才开始进行爬梯训练。两周以后，第二个双生子不用旁人帮助，就可以爬到楼梯顶端。

格塞尔认为，支配儿童心理发展的因素有两个：一个是成熟，一个是学习。在两者之中，他更着重于成熟。他认为，儿童心理发展是儿童行为或心理形式在环境影响下按一定顺序出现的过程，双生子爬梯实验就是最好的佐证。

通过该实验，他得出这样的结论：不成熟就无从产生学习，学习只是对成熟起一种促进作用。同时这个实验也表明，儿童的成长是受生理和心理成熟机制制约的，认为地提前训练，知会给儿童的心理、生理造成负担，甚至让孩子产生逆反心理，失去学习兴趣。

现在很多家长，在孩子上幼儿园的时候就教他小学的知识，小学的时候教中学知识，中学的时候教高中知识，目的是期望自己的孩子学习起点比别人高，在竞争中处于有利地位。其实，这种靠人为的因素获得的优势并不能长久。

美国北卡罗来纳大学做过一个实验：把175个孩子分成两组，一组由父母按照一般条件进行教养，另一组从3个月开始进行早期教育。之后，每15个月测验一次。研究发现，接受超前教育和训练的孩子的智商平均高出15点。但是，并不能以此得出这种早期教育的优势能一直保持下去的结论。拥有这种优势的儿童在进入小学四年级时，逐渐丧失了这种优势，而接受父母循序渐进教养的孩子通常都赶了上来。

上述两个实验告诉我们，想通过超前教育的方法来让孩子成为天才的可能性几乎为零，更为糟糕的是，它还可能影响了孩子的正常成长。这种影响首先表现在儿童的心理健康上，在父母的超前教育环境下，孩子会表现出比一般孩子强，比如认识的字多，算术做得好，背的古诗比别人多，当然，他得到的赞美也会比较多，赞美太多就会让孩子的学习动机发生变化，使求知不再是为了满足自己的兴趣，而是获得别人的赞美。人生不是一帆风顺的，如果在今后的生活中遇到挫折，或者他不再那么优秀了，没有人赞美他了，就会产生巨大的心理落差，从而引发心理问题。

其次，影响孩子的全面的发展。当记者问王思涵是否还记得地理的基本知识时，他是这样回答的："我知道中国的形状是个鸡形，辽宁应该在鸡脖子那。"记者："北京在地图上什么地方？"思涵："不知道，我又不是北京人。什么长江、黄河啊，我都不知道。"从这一点上，我们也可以看出他只是一个会考试的学生，学习知识只为了应付考试，早点考上大学，解决问题的能力、想象力、创造力都未能得到很好的锻炼，即便他大学能够顺利毕业，也只是一个高分低能的孩子。

再有就是孩子的品德、行为习惯的培养被忽视了，很多家长唯成绩论，只要孩子学习成绩好，一切都好，忽视了对孩子品德，以及良好习惯的培养，从而造成了孩子的独立性差，生活都无法自理，这也是造成一些少年大学生无法适应大学生活的一个重要原因。

每一粒种子从发芽、开花到结果，是一个漫长的过程，孩子也像一颗小小的种子，他的每一步成长都需要慢慢来。人生不是短跑，而是一场马拉松，无需抢跑，抢跑会让孩子无法到达终点。所以，请放下你紧绷的神经，放慢你的脚步，陪着他慢慢长大，你不急，孩子才能走得更稳、更好！

放手，不放任

每个孩子身上都蕴藏着巨大的潜能，这是毋庸置疑的。我们为什么要开发孩子的潜能，目的是什么呢？目的就是发现孩子的优势，扩大其优势，将来能将自己的优势转化为对生存的资本，生活得更好更幸福。

反过来，要使孩子的潜能得到最大限度的开发，首先就要先让孩子学会独立，一个不够独立的孩子，他的潜能开发也会受到影响。因为在潜能开发过程中，父母只能是引导者，发挥主观能动性的还应该是孩子本人。比如，有的孩子遇到一点困难就退缩，或者寻求大人的帮助，不愿意自己想办法解决，这显然不利于孩子的潜能开发。

潜能开发与独立是相辅相成的关系，两者相互影响，相互制约，培养孩子的独立性无论是对孩子的潜能开发，还是今后的生活都有着积极的意义，所以，家长一定要注意孩子的独立性培养。

与国外的孩子相比，我们的孩子学习能力是非常强的，但是独立性、操作能力就很差，我认为这与中国父母传承多年的养育方式是有关的。众所周知，中国的父母是最辛苦的，从孩子还未出世起，他们就已经在为孩子的将来做着事无巨细的规划，选择什么样的胎教教材、在哪个医院生产；将来孩子在哪个学校上学，去哪个国家留学；学习什么样的课外辅导班，是学钢琴还是学舞蹈，亦或是美术；将来做什么工作，选择什么样的人生伴侣……

所以，我经常说中国父母的爱是母鸡护子式的，生怕孩子受到一丁点的委屈，遭遇一点挫折，总是希望能把孩子养在温室中，在自己的羽翼保护之下成长，于是，就产生了这样的"悲剧"：

孩子上幼儿园了，口渴了，他会对老师说："老师，口渴。"老师说："那你去喝水吧。"可孩子还是一遍一遍地对老师喊道："老师，口渴。"为什么会这样？因为他在家里只要一嚷口渴，就会有人把水放到他的嘴边。

孩子上中学了，学校要组织郊游，因妈妈出差，这次未能给他准备好食物与水，还有御寒的衣服，所以，他空着手去参加了郊游，饿着肚子，发着高烧回来了，回来之后，一个劲地埋怨妈妈为什么没有照顾好他。

孩子上大学了，全家总动员，爸爸给孩子提着行李，妈妈给孩子铺床铺，孩子呢？吃着冰淇淋站在一旁乘凉。入学一个月后，父母收到了孩子寄来的包裹，打开一看，竟然全都是脏衣服。

孩子大学毕业要参加工作了，眼看着别的孩子都找到了工作，可咱家的孩子整天窝在家里上网打游戏，无奈之下，你只好陪着他去用人单位面试，替孩子招聘，结果却招致面试官的白眼。

……

这样的例子不胜枚举，很多时候，只有当父母发现孩子的能力不行时，才会抱怨道："我家孩子怎么这么笨？人家孩子怎么都可以，为什么他不行？"父母是问题孩子的形象代言人，他不行，更多时候是因为你不行，是你的教育出了问题，一个从小在温室里成长的孩子，你能苛求他长大后成长为一棵茁壮的大树吗？

在父母的潜意识中，亲子是一体的，对于这一点，可能很多父母都没有意识到，他们总是不自觉地将自己与孩子的关系紧紧地联系在一起，就像两块异性相吸的磁铁，一方面有着强烈的"替代成就感"，比如，有的家长当年没能考上一所好大学，就把希望寄托在孩子身上，"你好好读书，将来考上清华、北大"，这其实不是孩子的愿望，而是你把当年未能完成的心愿转移到了孩子的身上。另一方面，父母又心甘情愿地包揽了本应该属于孩子自己去做的一切。你看现在的小孩，有几个会做家务的？别说收拾房间、洗衣服了，就连自己的书包都不会整理，上学的时候，背着书包的往往是孩子的家长，这样一来，就使孩子在生活实践中其体能、智能和社会性参与的权力受到限制，长大以后，自然就是什么事情都做不来，无法独立。

现实生活中已经有很多例子证明事无巨细的爱是伤害，如果你真正的爱孩子就应该学会放手，我在女儿很小的时候，就有意识地对她采取放手的教育方式，虽然曾多次遭到家里老人的反对，甚至认为我是个狼妈妈，但我始终坚持自己的观点，如今女儿已经长大，事实证明，我的教育方式是正确的。

记得在女儿七八个月的时候，她已经会爬了，平时我既要做家务，又要照顾女儿，很辛苦，有时候我难免会顾及不到她，让她受到一些小伤害。有一次，我在扫地，女儿一个人在床上玩，她见我在床边，立刻爬了过来，眼看着她就要掉到床下来，我本能地用手一挡，让孩子有了一个缓冲，没有直接硬生生地摔到地板上。或许是受到了惊吓，女儿哇哇大哭，我抱起来哄了她一会儿。突然有一个想法在我的脑子里萌生，如果再把她放到床边，她还会爬下来吗？我立马做了这个实验，我惊奇地发现，女儿爬到床边的时候停了下来，抬头向下望，然后使劲地往后退。从那以后，孩子再也没有掉到地下过，因为那次小小的"挫折"让她有了一种切身的体验。

　　孩子1岁半时，已经走得很稳当了，她会四处走，东摸摸西摸摸，她最喜欢玩的就是门，把门打开再关上，这样一来就很容易挤到手。家里人总是叮嘱我看紧孩子，我不仅没有看紧她，还鼓励她多去触碰门。一次，我看她把小手放在门边，另一只手去关门，因为力量不大，我没有干涉她，于是，她的小手被门挤到了，疼得哇哇大哭。我便借机告诉她，如何去关门才能避免手不被门挤到，之后，我就放心地让她去玩开门关门的游戏了。

　　我们经常说，鸡蛋从外面打破是食物，从里面打破是成长。孩子的成长靠的是他内在的动力，而不是借助外力。在父母的搀扶下成长的孩子，即便是长大了，也如温室里的蔬菜，经不起风雨。

　　有一种爱叫作放手，父母放手得越早，孩子越能更早地得到锻炼的机会，越能更好地适应社会。这个道理并不难懂，或许很多家长也明白这个道理，但是他们却很难做到放手，这是为什么呢？

　　实际上这是一种紧张的情感在作祟，当他们准备让孩子独立去做一件事情时，大脑里常常会浮现出这样的想法：他行吗？是不是太小了，还是大一点，再让他试一试吧？有这样的想法归根结底还是因为父母没有摆脱"母鸡"的角色，总是找理由说服自己，想尽一切办法来保护孩子。其实，孩子真的不是你想象得那样脆弱，你要坚信你的孩子能行，他很棒，超过你的想象。

曾经有一个烦恼的父亲找到我，向我诉说他的苦恼。这位父亲经商多年，家庭条件优越，40多岁才有了女儿，对于这个女儿，他捧在手里怕摔了，含在嘴里怕化了。只要女儿想要什么，他从来都不拒绝，比起同龄孩子，她要幸福得多，可孩子还是不满足，动不动就发脾气，离家出走。

在女儿15岁生日的时候，一晚上父亲就为她花去了上万元，可是当父亲问她这个生日过得怎么样时，她却说："一点意思都没有。"这位父亲不知道怎么样做才能让孩子感受到家庭的温暖，感受到幸福，感受到父母的爱。

后来，我建议这位父亲让女儿去参加夏令营活动，去江西的偏远山区体验一下农村孩子的生活和学习，父亲一开始是坚决反对的，眼含泪花地对我说："我孩子连衣服都没洗过，怎么吃得了那样的苦，她不行的。"

经过一个月的历练，女孩子回到了父亲的身边，父亲看到孩子又黑又瘦，手上也生了茧子，心疼得不得了，反倒是女儿很高兴："爸爸，我现在觉得自己好幸福啊！以前我不知道学烧饭那么难，读书还要翻山越岭，走上两个小时，真是太辛苦了，我在家都是妈妈做好饭，端给我吃，上学由爸爸开车送，我要好好珍惜现在的生活，好好地爱爸爸妈妈。"

作为父母应该明白一个道理：过分保护是一种不良的教养方式，舍不得放手就是伤害。或许，在孩子小的时候，你还不能清楚地看到这种伤害是多么的大，如果等到孩子长大了，一切就晚了。其实，心理学家早就有了定论，在过度保护下成长的孩子，对其心理发展会有很多不良的影响，主要表现在三个方面：

首先，影响孩子的社会性。

儿童的社会化过程，也就是儿童的心理成熟过程，儿童的社会性是在其活动中、与他人交往的过程中逐渐形成的。在婴儿时期，孩子主要与母亲在一起，这种母子关系是保护与被保护的关系，到了3岁左右，孩子就要上幼儿园，他需要有自己的小伙伴，来发展他的社会性，孩子要想融入到小伙伴中去，就必须发展自我意识、自我评价、自我控制的能力，并发展独立性，进而主动适应社会并承担自己的义务。在父母过度保护下的孩子，他的人际交往仅限于父母与家人之中，就无法获得与人交往的方法与技巧，将来就可能影响到他的社会生活。

其次，孩子的智力发展受到影响。

儿童在社会活动中，使其智力得到发展，在过度保护下的儿童，他的活动是有限的，从而就限制了儿童智力和心理活动的发展。就像我在文中开头举的幼儿园小朋友不会自己去喝水的例子，如果他从来没有自己动手过，怎么知道水是从哪里流出来的，热水与冷水有什么区别，水是什么颜色的等等，缺乏体验，就没有探索的机会，智力又从何发展呢？

最后，对孩子的求知欲与学习动机不利。

心理学家认为，个体在生理上或心理上有某种需要，这种需要的内驱力——动机，由此推动个体产生为满足其需要的一系列行为。过分受到保护的孩子，父母已经满足了他的一切需要，还没说渴的时候，就喝水了；还没饿的时候，就吃饭了；还没说尿尿的时候，就把他带到了卫生间……这样一来，孩子活动的内动力就受到了抑制，从而大大降低了他探索外界的主动性、积极性。

　　每个孩子天生都是一只雏鹰，只是因为在父母的庇护下太久了，才成为了一只飞不高的鹌鹑。亲爱的父母，请别让你们的过度保护成为孩子前进路上的绊脚石，勇敢地放手吧！

敏言慧语

　　一周岁以后，儿童想要知道是谁使他们与外界联系起来？外界的哪些东西是我能控制的？外界的什么东西控制着我？大多数儿童在这个阶段产生了"自主性"的意识。他们感到有能力，是独立的，他们有了强烈的个人操控感，有自主感的人自信能够在障碍之海顺利航行，能够应对生活中的挑战。然而，和阿德勒不赞成溺爱孩子一样，埃里克森发现，父母的过度保护会阻碍这个年龄儿童的自主性的发展。如果不允许儿童进行探索，不能获得个人控制感和对外界施加影响的认识，儿童就会产生一种羞怯和怀疑的感情。他们对自己感到不确定，变得依赖于他人。

幼儿社会交往智能开发与训练

　　"望子成龙，望女成凤"是每个家长的愿望，他们希望自己的孩子出类拔萃，将来比自己过得好，为了这个目标，家长与孩子都付出了很大的代价。我的朋友圈里有很多孩妈，每天打开微信看朋友圈，我发现有相当一部分的妈妈都在晒自己的孩子，其中有一位妈妈给我留下了深刻的印象，她每天都会记录孩子的学习情况：孩子练习钢琴指法的照片、学习书法的照片、练习跆拳道的照片，等等。

有一次，我好奇地问她："你家孩子报了多少个兴趣班啊？"她回答说："不多，报了四个。"之后，她又跟我讲了她家孩子一周的课程安排，满满当当的，比上班族还忙，几乎没有休息时间，尤其到了周末，一个兴趣班接一个兴趣班，像赶场一样。我疑惑地问她："那孩子不累了？""累也没有办法，现在不让他学，将来不如人家，孩子会怪我的，他以后会明白我的良苦用心的。"

一些父母总是以"一切为了孩子"为借口，让孩子学这学那，占有了原本属于孩子的快乐童年，完全不顾及孩子感受，一厢情愿地按照自己的想法为孩子规划未来。比起我们小时候，现在的孩子真是可怜，虽然那时候的生活物质无法与现在的孩子比，但那时候我们有小伙伴，有快乐的童年，和小伙伴们一起去小溪边抓小鱼小虾，去草地里捉蚂蚱，和小伙伴们一起玩躲猫猫、跳皮筋……现在的孩子则被学不完的兴趣班、补习班占据，失去了快乐的童年。

教育理论家周贝隆先生曾经说过："足够的闲暇、玩耍，不但是青少年享有美好童年和青春的天赋权利，也是现代教育的特点。"很多父母对童年没有给予足够的重视，甚至将童年等同于玩耍，认为整天和小伙伴们四处疯玩的孩子是没有出息的，安安静静地坐下来学一点东西才是最有意义的。

一棵大树从种子发芽到成才，需要经历很多的过程，缺少了哪一个过程，它的成长都会受到影响。孩子的成长亦如此，童年是每个孩子必须要经历的一段美好时光，缺少了这样的一段时光，他的成长是不完整的，对他未来的发展也是有影响的。

近年来，我经常去学校做演讲，会和父母们进行一些互动，很多父母向我反映这样一个问题：我家孩子为什么不合群？其中印象比较深的是一个叫贝贝的女孩，她已经四年级了，厌学情绪很严重，而她不愿意上学的原因竟然是没有人愿意和她玩，没有人和她交朋友，同学们都欺负她，她感到很孤独。

经过进一步了解，我得知这个孩子在3岁前都是爷爷奶奶照顾，由于爷爷奶奶上了年纪，精力有限，平时就将孩子关在家里，几乎不与外界接触，3岁之后，父母将孩子接到了身边，让她上了市里最好的幼儿园，只上了两个月，因无法适应幼儿园的生活，退学回到家中。

为了给孩子提供最好的教育和成长环境，妈妈辞掉了工作，专心带孩子，教她认字、做算术，还报了不少的兴趣班，学习拉丁舞、书法、英语等。可以说孩子从3岁到上小学阶段的三年时间里，都是在学习中度过的，她的生活中只有爸爸妈妈，几乎没有同伴。

等孩子上了小学，父母却发现孩子的问题大了，性格内向，不愿与人交流，对人的态度十分冷漠，所以，贝贝没有朋友，可是当她看到别的小伙伴都在一起玩耍时，内心又是十分向往的，可她不知道如何与人打交道，课间活动的时候，其他的同学都在做游戏，只有她呆呆地坐在座位上，一动不动。

贝贝是一个典型的缺少童年、缺少友谊的孩子，这个孩子虽然学习到知识要比同龄孩子多，比同龄孩子优秀，但她孤僻的性格若不能得到及时的纠正，就有可能影响到她未来的人际关系，甚至是一生的幸福。

在前面我提到过，幼儿潜能开发包括8个方面的内容：音乐智能、运动智能、语言智能、社会交往智能、数学智能、空间智能、自知智能和自然智能，在这八大智能中，自知智能我已经做了详细的讲解，像音乐智能、运动智能、语言智能、数学智能、空间智能与自然智能都很好理解，我不再赘述，我重点要讲的就是社会交往智能，因为这很容易被家长忽视。

加德纳认为，社会交往智能是一种察觉并区分他人情绪、意向、动机及感觉的能力。社会交往智能意味着理解、认识他人，从而与人更好地合作。社会交往智能高的人都拥有好人缘。他更能理解别人，也能让别人更理解自己。

童年是培养孩子社交活动的重要时期，对儿童的发展有重要的影响，它提供了儿童相互学习社会技能、交往、合作和自我控制，以及体验情绪和进行认知活动的机会，并为儿童提供情感支持，消除儿童的孤独感，提高儿童的自尊心，为儿童以后的人际关系奠定了基础。

当然，随着儿童年龄的增长，友谊的特性也不断发展变化着。美国著名儿童心理学家塞尔曼认为儿童友谊的发展有五个阶段：

第一阶段（3~7岁），尚不稳定的友谊关系。儿童间的关系还不能称之为友谊，只是短暂的游戏同伴关系。对这个阶段的儿童来说，友谊就是一起玩。

第二阶段（4~9岁），单向帮助阶段。这个阶段的儿童要求朋友能够服从自己的愿望和要求。如果顺从自己就是朋友，否则就不是朋友。

第三阶段（6~12岁），双向帮助阶段。这个阶段的儿童能互相帮助，但还不能共患难。儿童对友谊的交互性有了一定的了解，但仍具有明显的功利性特点。

第四阶段（9～15岁），亲密的共享阶段。儿童发展了朋友的概念，认为朋友之间是可以相互分享的，从此时开始，儿童的友谊开始具有一定的稳定性。朋友之间可以倾诉秘密，互相帮助。但这一阶段的友谊有强烈的排他性和独占性。

第五阶段（12岁以后），自主的共存阶段，是友谊发展的最高阶段。它以双方互相提供心理支持和精神力量，互相获得自我的身份为特征。由于择友更加严格，所以建立起来的朋友关系持续时间都比较长。

由此我们可以看出，在儿童的成长过程中，友谊是非常重要的，很多友谊都是从童年时期就开始建立的。贝贝已经四年级了，可她还没有朋友，无法融入到小团队中去，将会是一件非常痛苦的事情。

作为父母的一个重要责任，就是让孩子完整地成长，就像一棵小树，要让它经历风雨，也要让它接收阳光的照射，历经春夏秋冬。所以，请把童年还给孩子，让他和小伙伴们尽情地玩耍，这远比会背几首古诗、弹几首曲子要重要得多，在未来将会是人际关系的竞争，谁拥有好人缘，谁就有可能更容易成功。

所以，父母一定要重视孩子社交能力的培养，对孩子少一些要求，多一些自由，让他拥有一个幸福的童年，拥有一群快乐的小伙伴，这会让他受益终生。

敏言慧语

随着儿童开始与其他儿童交往，他们面临着进入社会生活的挑战。儿童必须学会怎样与其他人一起玩、一起做事，怎样解决不可避免的冲突。儿童通过寻找游戏玩伴以及参与其他的社会性活动，他们的主动性得到了发展。他们学习怎样设定一个目标，通过说服来处理挑战；他们发展了企图心和目的感。不能很好地发展主动性的儿童，在这个阶段会产生内疚感和退缩性，他们可能缺乏目的感，并在社会交往或其他场合很少表现出主动性来。

第二章
不了解是对孩子最大的伤害

不要做一个只会批评的父母

批评是父母教育孩子常用的方式，而非唯一方式，但不少父母都只会批评孩子，把这作为唯一的教育方式，当成万能的法宝，认为多批评孩子几次，孩子就记住了，就不会总犯同样的错误了，事实真的如此吗？

情景一：小宇今年5岁了，是个顽皮的小男孩，每天都少不了父母的唠叨。早晨起床后，小宇连衣服都没有穿好，就看起了电视，边看电视边吃零食。一大堆的零食包装袋堆满了茶几，混杂在其中的还有电视遥控器、光盘、小宇的袜子。

妈妈从菜市场买菜回来，看到茶几上的惨状，立刻吼起来，"小宇，我跟你说过多少次了，你不要把什么东西都放在茶几上，你怎么就记不住呢？""你不是才说吗？哪有说过好多次？""你怎么还狡辩？""本来就是这样，你跟我说一声就行了，怎么一上来就吼？""你这孩子真是太不像话了，这次的事情先不说，上次王阿姨告诉我，你在学校和同学打架，我不论怎么问你，你都不承认。现在只要我一批评你，你要么狡辩，要么说谎！"

情景二：紫玉是一个非常聪明的小姑娘，她的父母都是老师，平时会教她很多的知识，所以，她懂的东西要比同龄孩子多。不过，父母对她的要求也很严格，犯了错误，总少不了一顿数落，哪怕是一点小错误也不行。在父母的严格要求下，紫玉的学习成绩一直名列前茅。

唯有一点是父母不满意的，那就是紫玉缺乏自信，面对挑战总是畏首畏尾。有一次，学校举办秋季运动会，因为紫玉的体育成绩还不错，老师便让紫玉报名参加了百米接力，紫玉一再推脱："老师，我从来没参加过比赛，我不行的。"后来，虽然在老师和同学们的鼓励下，她勉强同意参加比赛，但在比赛的那一天，站在起跑线上的紫玉浑身颤抖，连接力棒都握不住，最终被其他同学换下了场。

在以上两个案例中，紫玉与小宇的经历有一个共同点，那就是都是在父母的批评中长大的。他们的父母很少表扬他们，只会在孩子犯错误时，对他们进行批评教育，这种教育方式带来了负面的结果。小宇在母亲批评他时，会辩解、会说谎；紫玉对父母的教育虽然言听计从，但却使她越来越不自信，不敢接受任何具有一点挑战性的事情。

为什么会这样呢？一是因为我们的大脑具有自我保护的功能，一旦父母批评得太多，孩子的大脑就会认为这是一种威胁，从而自发地进行抵御，主要表现为三种形式：一是辩解，不认同你的观点（反抗型孩子）；一是撒谎，因为说实话就会遭到批评，所以会通过说谎的方式蒙混过关（阳奉阴违型孩子）；三是假装没听见，你爱说什么说什么，我就当耳旁风刮过就好了（无所谓型的孩子）。我们经常听到一些妈妈说，我每天都要说好几遍，可他永远也记不住。现在我们就不难理解小宇的一些表现了。

那么，紫玉不自信又是因为什么呢？神经科学家研究了一些经常面临各种刺激（包括长时间遭受牢骚抱怨）的人的大脑，研究后发现，大脑的工作方式就像肌肉一样，如果让它听到了太多的负面信息，很可能导致当事者按照消极的方式行事。更糟糕的是，长时间处于抱怨环境中，会使人变得愚蠢和麻木。

一些父母认为自己批评孩子是为了孩子好，其实不然。不少父母在批评孩子时，难免会情绪失控，表现得非常急躁，这样一来，你为孩子好的初衷就发生了变化。过度的批评会让孩子对自己不认可，不敢做事，因为一旦做错了事，就会受到批评、指责。既然如此，孩子干脆就不做事了，因为不做就不会犯错。这与父母的期待不是背道而驰了吗？

当然，批评在教育孩子的过程中是十分必要的，但父母不能一味地批评，要学会智慧地批评。那么，怎样的批评既能让孩子接受，又是有效的呢？

避免情绪化。

一些孩子屡教不改，会让父母非常生气，一见孩子犯了错误，嗓门一下子就提高了。不要以为你的嗓门提高了，就能让孩子立马改正错误，结果恰恰相反，这只会激发孩子的"斗志"。很多时候父母会和孩子对嚷起来，甚至升级为哭闹和打骂，丝毫达不到教育孩子的目的。

一些父母总是很疑惑，现在的孩子怎么这么难管，每次批评他，他都是一副无所谓的态度，怎么说都听不进去。其实，很多时候孩子拒绝接受的不是你的批评，而是你对待他的态度，心平气和地批评孩子，既能达到批评的目的，又能让你和孩子保持良好的亲子关系。

避免过度批评。

有一段时间，我每次批评女儿时，只要我一张嘴，孩子就能猜出我下一句会说什么，弄得我既生气又尴尬。可细细一想，我才发现每次批评女儿时，都是那样几句话，来来回回地说，絮絮叨叨，想想是够烦人的，女儿曾经在和我聊天时透露：妈妈，很多时候你讲的都是正确的废话。

恐怕很多父母都有我这样的毛病吧？唠唠叨叨，毫无新鲜感的批评，不能给孩子的大脑以明显的刺激，而且说得越多，让孩子越觉反感，把你的话当成耳旁风，甚至和你对着干，谁都不愿意听到伤害自己自尊心的语言，不是吗？

所以，下次再批评孩子时，你不妨换一些新鲜的词语，换一种语调，或许这更能让孩子接受。再有，不要过于频繁地批评孩子，一天批评一两次就可以了，不要逢事就说，因为有些错误，孩子可能马上就能够明白，你给他一个眼神就够了。

当然，也不是任何错误都需要批评的，比如孩子的过失，不小心弄撒了牛奶，就没有必要批评；孩子的能力范围内做不到的事情，也不应该批评；还有孩子已经认识到了错误，正在想办法弥补时，不仅不应该批评，还应该表扬才对。

避免批评简单化。

比如，孩子一哭，父母就会生气地说："你就知道哭，除了哭你还会什么呀？"这样的批评，针对的只是表面现象，而没有尝试理解孩子为什么哭，更没有告诉孩子遇到此类情况，下次该怎么做。当孩子犯错误时，首先不是急着去批评，需要先理解他的感受，听听他的想法，有些时候真的是我们错怪了孩子。

芳芳的妈妈感冒了，爸爸又出差了，妈妈还要照顾芳芳，很辛苦。吃过晚饭，妈妈正在厨房洗碗，就听到客厅传来杯子摔在地上的声音，原来是芳芳蹬着小凳子拿水杯的时候，不小心掉在了地上。

"你就不能让我省点心吗？玻璃杯碎片扎到你怎么办？"妈妈一顿河东狮吼，芳芳含着眼泪委屈地说："妈妈，我想给你准备好水，一会你要吃药的。"听了孩子的话，妈妈羞愧难当，一把搂住了芳芳。

之后，妈妈向芳芳道了歉，并告诉芳芳，"你今天想着给妈妈拿水，妈妈很高兴。你年龄小，自己拿水杯很危险，因为玻璃碎片很可能会扎伤你，以后这样的事情妈妈自己做就好了。"

芳芳妈妈的做法，既让孩子明白了自己错在哪里，又知道了下次再遇到这样的事情该如何去做，这才是正确的批评态度。如果能在一开始问明情况，而不是急着发火，效果就更好了。

避免批评夸大化、严重化。

有些父母批评孩子时，总会不由地将批评扩大化，严重化。比如，孩子一次考试成绩不理想，有的父母就会说："我看你是考不上大学了，以你这样的成绩，连一般的专科都上不了。""你真笨，我算看出来了，你一辈子都不会有出息。""你总是惹我生气，上次你……"

因为一件错事就否定一个人，因为一件错事牵扯出十件错事，这是很多父母都容易犯的错误。这是最伤孩子自尊心的，会让孩子感觉到父母对自己是如何的失望，孩子可能会想，父母都这样说了，我自己也无所谓了，破罐子破摔吧。

此外，父母在批评孩子时，还要注意场合，尽量不在公众场合，尤其是在他的小伙伴面前批评他。还有就是不能采取吓唬的方式进行批评，"你再不听话，我就把你扔到门外去。"吓唬只是一时的，很快孩子就会明白你是不会这样做的，对他改正错误没有丝毫帮助。

父母应该认识到，批评孩子的目的不是打击他，不是发泄自己的情绪，而是帮助孩子解决问题。所以，你不妨心平气和地告诉孩子错在哪里，表明自己的感受，你期望孩子怎么做，孩子能够理解这三点，就足够了，何必大动干戈呢?

孩子是这样变笨的

所有父母都希望自己的孩子聪明健康，他们也在朝着这个方向努力，给孩子提供好的生活条件，优越的学习环境。自己可以节衣缩食，为了孩子却可以不惜重金，可是，有时候换来的结果却令人难以接受，孩子不仅没变聪明，还变笨了，这是怎么回事呢?

小萌今年上小学五年级了，学习成绩一直名列前茅，可前不久的一次考试，小萌考得却不是很理想，名次由前三名跌落到了第六名。实际上，第六名与第一名的成绩只有5分的差距，但在小萌的妈妈看来，这5分的差距就能决定孩子一生的命运。

"你的目标是考上重点中学，你知道5分之差会刷掉多少人吗?你只有保证在前三名，才有可能考上重点中学，小萌，你千万不能放松啊!"小萌的妈妈苦口婆心地教育女儿，小萌却很不耐烦，因为每次考完试，无论考得多么好，妈妈都会有微词。上次她考了全班第一名，数学差一分就是满分，当她高兴地把成绩告诉妈妈时，妈妈却紧缩眉头，遗憾地说:"这一分不该丢，这道题你是会做的，就是因为太马虎，才丢掉了这一分，太不应该了。"

想起每次考完试，妈妈的"谆谆教诲"，小萌的情绪有些激动，"好了，你不要说了，反正我很笨就是了，不管我怎么努力，考得怎么样，你都无法满意，我在你眼中永远那么笨!"

自从这次吵架之后，小萌的成绩就开始下滑，小萌的妈妈每次在女儿考完试之后，都会大发脾气，狠狠地教训女儿，可越是这样，小萌的成绩下降得越厉害。小萌说，她一到考场就想起妈妈的唠叨，越想就越觉得自己很笨，肯定考不好，导致大脑一片空白，成绩每况愈下。

那么，小萌的学习成绩下降是因为她不够努力吗？显然不是，她成绩下降的主要原因在于她的妈妈总是过分地苛责孩子，无论孩子的成绩多么好，她都会鸡蛋里挑骨头，哪怕是一点点的小瑕疵，这种过于追求完美的心理给小萌增加了心理负担。不仅如此，小萌的妈妈从来没有鼓励、表扬过女儿，总是一味地苛责，特别是在小萌的成绩下降之后，更是变本加厉地批评她，致使女儿形成了这样的认知：无论怎么努力，我在妈妈的心目中都是个笨孩子。由于缺乏自信，使得小萌每次的考试成绩更加不理想。

天下没有笨孩子，只有笨父母。孩子的问题就是父母的问题，一向很聪明的孩子变笨了，很可能是因为父母的教育不当造成的，下面我就来给大家总结一下父母的哪些做法会让孩子变笨？

睡眠不足。

很多年轻的父母都有晚睡的习惯，致使一些孩子也"学"父母，到了晚上十一二点钟才上床睡觉。第二天父母要上班，孩子要上学，不得不在早晨六七点钟起床，孩子的睡眠严重不足，睡眠不足就会加速脑细胞的衰退，影响孩子的大脑发育。

让孩子保持安静。

家里有个孩子，空气都会沸腾，因为孩子活泼好动，嘴巴也说个不停，他们的小脑袋里有十万个为什么，总有问不完的问题。这原本是好事，因为大脑中有专司语言的叶区，经常说话会促进大脑的发育，锻炼大脑功能。但是这对劳累了一天的父母来说，简直糟透了，他们想休息，不想有只"小鸟"在耳边叽叽喳喳地叫个不停，所以，他们就会制止孩子的说话行为，让他们保持安静。久而久之，孩子就变得沉默了，一个人坐在角落里摆弄玩具，或者玩电脑游戏。

让孩子做超出他年龄之外的事情。

一些热衷于所谓"智力开发"的父母，总会给孩子购买一些超出孩子年龄的玩具，或者教孩子学习一些超出孩子年龄范围的知识。这样一来，孩子就会体验到更多的失败，不用别人说，他便会觉得自己很笨，如果父母没有找对孩子的优势脑区，优势智能，用孩子的弱势去拼别人的优势，只会带给孩子更多的挫败感。

更为糟糕的是，有些父母还经常会将负面信息传递给孩子，在孩子遭遇失败时，不是鼓励孩子，而是斥责孩子，"你真笨！""你看邻居家的小妹妹比你强多了，你还是哥哥呢！"久而久之，"我很笨"的观念就会根深蒂固，使孩子更加消极，不愿意上进。

反省一下自己的行为，孩子变笨和自己有没有关系呢？估计很多父母都会中标吧？教育孩子是细活，可能自己无意中的行为就会给孩子带来深远的影响。一位妈妈曾经和我说过，在她读幼儿园的时候，有一次老师问谁会唱歌，她第一个举起了手，等她高兴地把歌唱完之后，老师却皱着眉头说："你唱的是什么呀？真难听。"从那以后，她再也没有开口唱过歌，每次同事邀请她去唱卡拉OK，她都找借口推脱。

孩子是一株脆弱的幼苗，需要父母的精心呵护，才能茁壮成长。如果你不想让孩子变笨，就多给他一些成功的体验吧，多夸奖鼓励他，少一些苛求，在孩子失败的时候，给他一个大大的拥抱，好好地安慰他，告诉他失败了并不可怕，我们会陪你从头再来。

还有一点非常重要，也是很容易被忽视的，那就是培养孩子的兴趣。这不等同于父母给孩子报的各种各样的兴趣班，因为很多兴趣班并不是出于孩子自身爱好的考虑，而是父母替孩子做的选择。

为什么要强调兴趣的重要性呢？因为兴趣是孩子变聪明的内在动力，有了兴趣，才能让孩子体会到快乐。现在的孩子读书，多是"苦读"，为了完成老师交待的作业任务，为了完成父母的心愿，为了考个好成绩，为了考个重点中学……丝毫感觉不到读书的快乐，他们当然不愿意读书。

有个孩子很不喜欢化学，他觉得一点意思都没有，所以，他的化学成绩很糟糕，连及格都成问题。一次，孩子无意中将食品袋里的干燥剂丢到了马桶里，他惊奇地发现干燥剂的包装袋炸开了，还有很多气泡产生，他感到非常奇怪，就去问父亲是怎么回事。父亲借此机会跟他讲了很多化学知识，一下子就激发了孩子的兴趣，从此他爱上了化学，成绩也突飞猛进。

敏言慧语

教育需要智慧，更需要耐心与细心，小心呵护你的孩子，他就会如你期望般的美好！顺强扶弱，因势利导，尊重孩子的先天特质和个体差异，我们才有机会真正做到"因材施教"。

是什么拖掉了孩子的梦想

该吃饭了，妈妈已经喊了好几遍，让孩子过来吃饭，可孩子还是一个劲地说："再等一会，我把这个动画片看完"；已经很晚了，孩子还在玩游戏，不肯上床睡觉，爸爸催促了几次，孩子依然纹丝不动；早晨起床时间到了，孩子躺在被子里，嘟囔着说："让我再睡五分钟"，其实，这已经是第三个五分钟了……

相信很多父母对这样的场景一定不陌生，孩子拖拉的坏毛病是令很多父母感到头疼的事情。拖拉对孩子的影响是多方面的，比如，无法按时完成老师的作业，完成学习任务；因拖拉常常要到很晚才能温习完功课，导致睡眠不足；因拖拉无法在规定的时间内完成考试……

关于拖拉的害处不胜枚举，但有一点可能是父母们没有注意到的，那就是拖拉会影响孩子的潜能。在上一节我讲过，在人类大脑的新皮质层半球额部，有一块皮层叫作大脑前额叶，被称之为"脑中之脑"，大脑前额叶的功能之一就是帮助人们对事物做出判断。如果孩子做事拖拉、磨磨蹭蹭，没有执行力，那么，他的注意力就无法集中，做事情就不够专注，其潜能也就无法集中，将来这个孩子就不会有大的作为，而且这样的孩子可能对事情的判断会比较慢，还容易被周围人的意见所左右，无法形成自己的判断。

现在大家了解了拖拉的害处，特别是对孩子潜能开发的影响巨大，要想纠正孩子拖拉的坏毛病，我们首先就要了解孩子做事拖拉的原因是什么，常见的原因主要有以下几种：

缺乏时间观念。孩子不可能像成人一样具有时间紧迫感，什么时间做什么事情都有一个详细的规划。孩子对时间的概念是比较模糊的，做事情总是很随意，想起什么就做什么。比如，早晨爸爸妈妈会催促孩子快点，不然上班就迟到了，可孩子并不明白你上班迟到了和他快点有什么关系，又不是他迟到。

大脑新皮质细胞量偏大的孩子的注意力不容易集中，很容易被周围环境影响。比如，你让孩子去洗手准备吃饭，他可能会因为看到水桶，就玩起水来，忘记了你交代的事情；孩子吃饭的时候，因为听到楼下小朋友的嬉闹声，立刻放下碗筷去看个究竟。他干起事情来，总是边干边玩。

跳跃思考型的孩子对不感兴趣的事情漫不经心。有些孩子做事虽然拖拉，但他并不是对所有的事情都拖拉，如果你告诉他要带他去游乐园，他会迅速地穿好衣服，如果你要带他去上课外辅导班，他就会磨磨蹭蹭，拖拖拉拉。

对于那些角度值超过45°的孩子来说确实是因为能力问题。有些时候孩子做事磨磨蹭蹭，并不是孩子故意的，而是因为他们的能力有限，在做一些有难度的事情时，就会显得很慢，对于这种情况，父母不应该给予批评，更多的应该是鼓励。

家长包办的结果。一些孩子做事拖拉完全是父母惯出来的，比如，孩子吃饭慢，父母一着急，就会端起碗来喂孩子，尝到甜头的孩子就会在吃饭的时候故意拖拉，等你去喂他。

孩子天生的慢性子。每个孩子的性格气质都是不同的，有些人是多血质的，天生活泼好动，反应迅速；有些人是胆汁质的，反应虽然很迅速，但准确性就差一些了；粘液质的人则表现得比较安静沉默；抑郁质的人则反应迟缓。无论孩子属于哪一种性格气质，都是天性，是不容易轻易改变的，包括角度值偏大等多种因素，父母还是应该尊重孩子的天性为好。

在以上六大原因中，其实很多都并非孩子故意为之，所以父母不要为难孩子，应该以尊重为前提。再有就是，我们之所以总认为孩子做事慢，是因为我们习惯了用成人的标准来衡量孩子动作的快慢，在成人的角度来看，孩子的动作就是磨磨蹭蹭，拖拖拉拉，但是如果站在孩子的角度来看，一切就都正常了。当然，对于孩子故意犯错的行为，就应该进行批评教育了。

分析了孩子做事拖拉的原因之后，我们再来"批评"一下家长，孩子的任何一种行为都是家长教育方式的反映，不要以为孩子做事拖拉都是孩子的错，父母们更应该反省一下自己是不是自己的教育方式出了问题。

首先，来想一想当孩子做事慢时，你经常对他们说什么？"快点，快点！"早晨起床的时候，你对他喊："要迟到了，快点起床！"催促声一声比一声急；做作业的时候，你会说："别磨蹭，快点做！"守在一旁的父母的催促声音越来越急躁；夜深了，"怎么还在看电视，马上关电视，上床睡觉。"父母已经火冒三丈了……所以，我在公开演讲时会经常说一句话：一个磨蹭的孩子背后一定有一个性格急躁的家长。

现在我们换一个角度，假如你是孩子，被这样催促，你会怎样？是不是感到很不爽？心情烦躁、压抑，同样的道理，孩子也有这样的感受。此时孩子通常会有两种表现：一种是反抗，与父母对抗，但这样往往会招致父母更严厉的训斥；另一种就是拖拉，磨磨蹭蹭，我不愿意按照你的要求去做，但我又必须这样做，那就只能拖拖拉拉的，能拖一分钟是一分钟了。

通常爱拖拉的孩子的父母都有一个共同的特点，性格急躁，脾气较为火爆，思维敏捷，处事果断，高期望值，做事讲究效率，他们在教养孩子的方式上，主要以说教为主，他们经常会说："你应该……""你必须……"等，这种权威式的教养方式完全没有尊重孩子的自身感受，会让孩子感到不舒服，本能地对你产生抗拒。

由此可见，孩子的行为表现是父母教育方式的结果，要改变孩子拖拉的毛病，父母首先要纠正错误的教育方式，实现父母与孩子的共同进步。其实教育孩子的过程也是自我提高的过程，要想做一个合格的父母，与时俱进，跟上孩子的成长步伐是必须的。

被扼杀的想象力

每个孩子的大脑里都装着一个精彩的世界，所以，他们总有很多说也说不完的奇思妙想，那么，对于孩子这些异想天开的想法，你是怎么看待的，又是如何处理的呢？

案例一：夏夜，一轮明月高高地挂在天上，小伟与妈妈在花园里散步，小伟指着月亮说："妈妈，月亮好圆啊！很像你做的大烙饼。"妈妈从来没听说过把月亮比作大烙饼的，忍不住笑起来。

小伟有些不高兴，又说："那月亮像不像我圆圆的大脑袋？"这次，妈妈再一次忍不住笑出声来，小伟听出了妈妈笑声中带有的嘲笑意味，感到自己说错了话，有些不好意思，很难为情，闷闷不乐地回了家。

案例二：泽泽的小脑袋里总会冒出很多奇怪的想法，一天，他望着天上的鸟儿，自言自语地说："如果我有一对翅膀就好了，或者我有一座会飞的房子，一按按钮房子就可以飞到任何我想去的地方。"

泽泽的话让坐在一旁的爸爸听到了，拍着他的肩膀说："傻孩子，房子怎么能飞上天呢？你还是好好读书，多学些知识吧，这样你就不会有这么傻的想法了。"泽泽嘟着嘴有些不服气。

　　每个孩子的想象力都是那么的丰富，他们的很多奇思妙想在成人看来都是非常可笑的，而且大人还常常把这种"嘲笑""鄙视"表露出来，让孩子感到很难为情，让他们觉得自己的想法非常愚蠢。

　　殊不知，我们这样做是在扼杀一个孩子的创造力，让一个聪明的大脑在我们的嘲笑中变得平庸。想象力是一种创造性的能力，是孩子具备的强大的智慧力量，它是在现实知觉的基础上，经过大脑的组合，创造出新形象的能力。爱因斯坦曾经说过，想象力比知识更重要，因为知识是有限的，而想象力却推动着知识的进步，是知识进化的源泉。

　　一般人终其一生对右额叶空间心象功能区只使用了不到50%，这说明发展想象力的潜力很大。孩子的自我意识较差，知识储备较少，对事物的认识还没有定型，正是因为没有固定的思维方式，他才可以天马行空，异想天开，给孩子提供了充分的自由想象空间。

　　幼儿期是孩子想象力最丰富的时期，孩子在学龄前形成的想象力，是他们一生创新性思维的基础。所以，此时父母不仅不应该嘲笑孩子的想象力，还应该给予积极的回应，支持他，激发他丰富的创新能力，哪怕孩子的想法不切合实际，也要给他适当的鼓励，以保护他的想象力。

　　其实，我们生活中的很多发明创造都是从最初的想象开始的，很典型的一个例子就是莱特兄弟发明飞机的故事。

　　很多年前，一位穷苦的牧羊人带着两个年幼的儿子，帮别人放羊来维持生计。一天，牧羊人赶着一群羊来到一个小山坡上，这时，一群大雁从他们的头顶飞过。小儿子好奇地问爸爸："大雁要飞到哪里去呀？""它们要寻找一个温暖的地方，躲过寒冬，等到天气暖和了，它们就会再次飞回来。"牧羊人抚摸着儿子的头慈祥地说。

牧羊人的大儿子望着远远飞去的大雁羡慕地说："要是我们也能像大雁一样在天上飞，该多好呀！那样我们就可以去任何我们想去的地方，还可以去天堂里看妈妈。"听了哥哥的话，小儿子也对爸爸说："做个会飞的大雁多好啊！那样我们就可以看到美丽的风景了。"

牧羊人沉默了一会儿，对两个儿子说："只要你们想飞，你们就能飞起来。"两个孩子赶紧试一试，但并没有成功，他们疑惑地看着父亲。牧羊人说："我飞给你们看。"牧羊人飞了两下，也没飞起来，但他肯定地告诉孩子："我是因为年纪大了飞不起来，你们还小，只要不断努力，我相信你们一定能够飞起来，然后去你们任何想去的地方。"

孩子们牢牢地记住了爸爸的话，并一直在努力，等他们长大以后果真飞了起来，他们发明了飞机，他们就是美国的莱特兄弟。

试想一下，如果当时父亲对两个孩子的想法，表现得不屑一顾，不理不睬，或者嘲笑他们的想法幼稚，是不是就会把他们刚刚萌生出来的想象的嫩芽折断呢？从小培养孩子的想象力会让他们受益终生，不要以为孩子的话是无稽之谈，现在不是流行这样一句话吗？人还是要有梦想的，万一哪一天实现了呢？一些事情现在看来是异想天开，但以后没准就变成了现实，所以，千万不要以我们成人的固定思维去影响孩子。培养孩子的创造力和独立思考的能力。

既然孩子的想象力如此重要，那么，我们该如何培养孩子的想象力呢？我认为大家可以从以下几个方面来进行努力：

不要把孩子的话不当回事。

很多时候，我们都觉得孩子的话无关紧要，没必要认真听，积极地给予回复。我们经常会听到父母说："小孩子懂什么？别总东问西问的，好好学习比什么都强。"当你一次次地扼杀孩子的想法之后，他就变得沉默寡言了。

孩子的每一次发问都是小脑袋积极思考的结果，你应该积极地给他回应，并引导他进一步思考。比如，有的孩子问爸爸妈妈，"我们老师说手上有很多细菌，可我为什么看不到它们呢？"你可以告诉孩子细菌很小，我们用肉眼是看不到的，但我们可以用显微镜来观察。当孩子听到"显微镜"这个新鲜的词语之后，他又会继续问什么是显微镜，这样就引入了下一个话题，引导孩子继续思考。

我曾经听到一位妈妈苦恼地说，我家孩子最爱问为什么，一天到晚问个不停，真烦人，于是，我就给他买了一套《十万个为什么》，原本以为这样就可以满足他了，谁知道他的问题从十万个为什么变成了百万个为什么。

其实，这位妈妈不仅不应该感到苦恼，还应该感到庆幸，因为你的孩子很善于思考，他有问不完的为什么，是他积极思考的结果，谁不喜欢自己的孩子有独立思考的能力呢？可是很多时候我们却身在福中不知福，非要将聪明的孩子变得平庸才肯罢休。

通过发问来促进孩子创造力的发展。

有些孩子比较爱说，有些孩子则比较闷，说话很少，对于说话少的孩子，父母可以通过发问的方式来引导孩子积极思考，比如看到天上的云，你先指给它看，"这朵白云真漂亮"，以此来激发他的兴趣，然后问他，"你觉得这白云像什么呢？"这样一来，孩子就会开动他的小脑筋开始思考了。

尊重孩子的想法。

孩子在搭积木，家长在一旁陪同，对孩子搭积木的方式说三道四的，"你搭错了，你看这说明书上不是这样做的？"你参与的过多，会让孩子很反感，搭积木这种事情本来就没有对错之分，干嘛非要按照设计图来做呢？尊重孩子的想法，让他按照自己的想法去做，孩子才有成就感，说不定他还会给你带来惊喜呢！

我认为像搭积木、做拼图、做手工等一些动手的活动，最能培养孩子的想象力、创造力，因为想象是大脑对已有表象进行加工改造，而形成新形象的过程，它只停留在我们的大脑中，要它变成现实，还是需要实践，需要动手操作。所以，家长应该鼓励孩子大胆去实践，多接触一些大自然，拆装一些物品，做一些小实验，等等。

敏言慧语

多给孩子一些自由，不要让他的休息和娱乐实践被学习充塞了。尊重孩子的个性，保护孩子的好奇心，让孩子朝着多元化的方向发展，而非"苦读书、死读书"。以成绩论英雄，这样是在扼杀孩子的聪明才智，缺乏对独立人格的培养，让孩子缺乏独立思考的能力，而这将不可避免地导致孩子走向平庸。很多家长希望自己的孩子出类拔萃，但又不允许孩子与众不同。这是多么的矛盾。

别拿孩子的成绩说事

"分分分，孩子的命根"，这句顺口溜传承了几代人，现在国家虽然提倡素质教育，促进学生的全面发展，鼓励学生创新，但素质教育、全面发展、创新能力都是"看不见、摸不着"的，所以，老师、家长还是习惯用学习成绩来代替评估。

每次临近考试，无论是大考、小考，家长都会督促孩子，"该考试了，好好复习，争取这次考得好一些，名次再靠前一些。"无形之中就增加了学生的心理压力。考试之后，家长之间的攀比更加重了学生的心理压力。我们经常听到家长们当着孩子的面议论，谁家孩子考了多少分，谁家孩子考了第几名，我家孩子如何没出息等等。

当前，有些学校也把学生考试分数作为老师绩效考核的重头戏，导致部分老师过于看重学生的考试成绩，忽视了学生的全面发展。于是，学生在老师、家长的双重压力下，视分数为自己的命根，也使一些学习成绩不好的学生在重压之下失去了学习兴趣与动力，感到迷茫与彷徨，自卑心理慢慢滋生，使得一些原本很有潜能的学生得不到良好的发展。

天生我材必有用。每个孩子都有自己的特长与劣势，学习成绩只能说明一个人善于学习，并不能说明他的智商高，创新能力强。相反，有些看起来成绩平平的人，却做出了突出的贡献，比如英国著名的物理学家，百科全书式的"全才"牛顿。

牛顿少年时期，命运十分坎坷，出生在一个自耕农家庭，而且是一个早产儿，父亲在他未出生的时候就已经去世了，母亲将他交给外婆抚养。5岁那年，牛顿被送到公立学校读书，少年时的牛顿并不是神童，资质平常，成绩一般，只是酷爱读书，喜欢看一些介绍各种简单机械模型制作方法的读物，并从中受到启发，会自己动手制作一些小发明，如木钟、提灯、风车等。

12岁的时候，牛顿进入格兰瑟姆中学，但他的成绩依然不出众。随着年龄的增长，他越来越爱好读书，喜欢沉思、做科学实验。然而，他受教育的时间并不长。迫于生活压力，在家务农，即便如此，一有机会，牛顿还是会埋首书卷。后来，在舅父的帮助下，牛顿上了大学，才有了《牛顿物理引力学》，成为了举世闻名的物理学家。

牛顿的故事，说明学习成绩不代表智力高低，智力只能在一定程度上反映出孩子的聪明程度。智力包括注意力、观察力、想象力、思考力和记忆力五个基本要素，它是一个人多种能力的综合表现。可很多父母都习惯性地把学习成绩作为考量孩子是否聪明的唯一标准，"学习成绩好就是天才"，"学习成绩不好便是蠢材"，认为学习成绩就是智力。

殊不知，每个孩子的智力特点都是不一样的，平时通过观察，我们会发现有些孩子的记忆力较强，老师在课上讲过的东西不用复习，就能记得牢牢的，但他的实际操作能力却很差；也有些孩子的逻辑思维能力很强，数学成绩很好，但语言表达能力较差，语文成绩相对糟糕一些。

孩子的学习成绩不是决定其未来成就的关键因素，事实上很多学习成绩中等的学生，将来走入社会会更有作为。台湾商业杂志社曾经做过一项调查，他们发现一般大型企业的老板都不是班上的第一名，往往排名在十名左右。这是为什么呢？

专家是这样解释的，学习太好的学生，每天回到家里就会被父母盯着做功课，十分看重分数，把全部的心思都花在用功读书上，很少涉猎其他知识。相比之下，第十名的学生智商和资质都是中上等，但他们不会把分数看得过重，有时间有精力去涉猎不同的知识，比如如何对付老师，如何钻学校制度的空子，如何交朋友，如何与父母斗智斗勇……这些看似都是缺点的行为，在走出校门后都是十分有用的能力与经验。

关于这一点，从一些研究的相关数据中也可以得到证实，研究发现，学生在学校中的学习成绩只能反映智力的35％，其余的智力是不能用学业成绩来衡量的，人的很大一部分智力是通过学校以外的社会实践和生活经验获得的。

其实，从我们身边的一些事例中，我们也可能感受到学习成绩与将来的成就并没有多大关系。上个月我参加了一次同学聚会，当年那些考上重点大学的同学过得并不是多么好，他们多是循规蹈矩的打工者，而成绩平平的人则开了自己的公司，事业有成，真是三十年河西，三十年河东啊！未来的变化谁也说不准。

当然，我并不认为孩子的学习成绩不重要，该学的还是要学，但没必要盯着分数看，唯分数是从。家长对孩子的学习应以鼓励为主，多表扬少批评，不要总拿别人的孩子与自己的孩子做比较，分数低了，就挖苦讽刺，考好了，就赞美加奖励。

心理学中有一个皮格马利翁效应，意思是说，当一个人得到信任、支持或赞美时，他会获得一种积极向上的动力，并尽力达到对方的期待，按照这种期待的方向来塑造自己。容忍孩子犯的错误，发现孩子身上的闪光点，及时地给予鼓励和引导，他就会朝着你期待的方向发展。

当然，这个过程或许是很漫长的，需要父母耐心地等待，就像等待一朵花儿开放，只有前期的细心呵护，才能等来它美丽绽放的一刻。不要因为你一时的挫败感，就对孩子失去信心，否定他、打击他，我们要给予孩子的是生命的教育，眼睛只盯着孩子的成绩单、一时成败的父母，会错失对孩子生命的教育。

孩子，请你全力以赴

通过我与一些父母的接触，我发现他们在教育孩子时，常常会有两种截然不同的态度，有的父母对孩子要求很严格，做什么事情都要孩子全力以赴，而有的父母对孩子的要求就比较宽松了，凡事差不多就行了，"别人考100分，咱能考个80分就行了。"

那么，这两种截然不同的态度会对孩子造成怎样不同的影响，究竟是哪一种态度更有利于孩子的成长、潜能开发呢？在回答这个问题之前，我们先来看一个有趣的故事。

从前深山里住着个老猎人，他的枪法很准，百发百中。猎人有一只跟了他多年的忠实的猎狗，每次打猎总跟着他，但是由于猎人枪法很准，猎狗过得一直比较清闲，只需要每次把猎物叼到主人跟前就行了。

有一天，猎人像往常一样带着猎狗去深山里打猎。在滚木丛生的树林中，猎狗很快嗅到了野兔的气息，猎人跟在猎狗后面，果然发现前方不远处有一只野兔，猎人举起枪，瞄准了野兔的头，机灵的野兔似乎意识到了危险，"嗖"的一声窜进了草丛里，不过还是被猎人打中了耳朵。受伤的野兔忍着剧痛，拼命地朝树丛中跑去。

这时，猎狗以为主人已经打中了野兔，不紧不慢地朝猎物跑去，直到猎人狠狠地训斥了它一声，它才快速地朝树林跑去，可野兔已经跑了很远，猎狗没能追到野兔，灰溜溜地跑了过来，对主人说："主人，我已经尽力了，可野兔跑得实在太快啦！"

野兔逃跑之后，它的好朋友都觉得不可思议，于是都凑过来问它是如何跑得过猎狗的？野兔说："我当时脑子里只有一个念头，那就是拼尽全力地往前跑，其他的什么都没想，总觉得猎狗就要抓住我了，没想到最后我却死里逃生了，现在想起来我还后怕得很啊！"

实际上不是猎狗追不上野兔，而是尽力而为与全力以赴的区别。猎狗如果追不上野兔，它只会受到主人的斥责，而不会丢了性命，所以，它不会拼尽全力，而野兔则不然，如果它不拼命逃跑就会丧命，生死的考验使它发挥了巨大的潜能，最终死里逃生。

人也是一样的，只有在特别的环境中才能发挥出他潜在的力量。在新加坡有这样一个真实的故事：一位3岁的孩子看见从街上买菜回来的母亲走到自家的楼下，便幸福地爬到阳台边的护栏上，高声地喊："妈妈回来了！"母亲听到孩子的呼唤，抬头一看，竟然发现孩子马上就要从护栏上跌落下来，生命危在旦夕。就在这千钧一发的时刻，母亲丢下手中的菜篮，如同离弦的箭一般冲向孩子。此时她心中只有一个念头，无论如何也要接住孩子，最终她真的做到了，孩子毫发无损，母亲抱着孩子喜极而泣。大家都觉得不可思议，这位母亲奔跑的速度超过了短跑的世界冠军，之后人们做了很多次实验，让这位母亲重复一下那天的行为，但她奔跑的速度永远也赶不上那天救孩子的速度。

曾有人计算过，人的显能原来只有潜能的1/30000，也就是说人有巨大的潜能没有开发出来。不是有这样一句话嘛：伟大都是熬出来的，成功都是逼出来的。有些人之所以能够成功，或许正如兔子般凡事全力以赴，故而得以有机会正确地激发潜能。

每个孩子的潜能都是一座巨大的待开发的宝藏，有时候父母需要适当地施加一点压力，孩子就可以迸发出巨大的潜能。或许连你自己都感到不可思议，但事实确实如此。

有一位年轻的妈妈给我讲过这样一个故事，在她儿子2岁10个月的时候，就爬上了香山。在出发之前，老公就和她商量全程让儿子一个人爬上去，不许坐缆车，不许父母抱，起初这位妈妈心里还在打鼓：这么小的孩子能行吗？虽然在后半段路程中，孩子有些累，不愿意爬了，要父母抱上去，但爸爸妈妈一直都没有动摇信念，而是在一旁不停地鼓励，结果，孩子真的自己爬了上去。这位妈妈兴奋地跟我说："我简直不敢相信孩子真的能做到，我都累得腿打哆嗦了，小家伙却一直坚持着，他做到了，天呀！孩子真的太厉害了，超过我的想象。"

所以，千万不要轻易地说你家孩子不行，不要轻易地降低对孩子的要求，产生"差不多"就行了的想法，这会使你对孩子的态度产生变化，孩子从你对他的态度变化中产生思想上的动摇。原本孩子想试一试的，一看父母的态度，他们就会想"反正父母也不会这样要求我""父母肯定觉得这件事我是做不来的，所以，他们才会对我有这样的态度"，等等。

那么，该如何让孩子全力以赴呢？是逼迫孩子吗？当然不是，我认为让孩子做事情全力以赴，有两点非常重要。

不计较成败。如果你对孩子的成败看得很重，孩子就会有心理负担，他总是在想：万一我失败了怎么办？思想上动摇了，就不能心无杂念地全力以赴了。有人对运动员的脑部血流进行过测定，他们发现当运动员发现距离目标还有10米的时候，他的血流量发挥作用的强度远远不及在途中的时候，这是人的本能，因为他们觉得差不多快要到终点了，思想上就放松了，甚至开始提前庆祝自己获得了成功，而失败往往就发生在最后的10米。

相反，我们会发现有些运动员在每次比赛中都很努力，不管自己处在怎样的位置，都不放弃，全力以赴。他们认为只有战胜了自己，克服了心中的杂念，才能获得成功。所以，有些游泳运动员第一个到达终点之后，并不知道自己拿到了第一名，直到看到电子大屏幕才知道自己是冠军，他们在比赛的过程中早把胜负抛在了脑后。

就是忘我地投入。不计较成败是忘我投入的前提，一个把成败看得很重的人是无法忘我投入的。要让孩子忘我地投入到一件事情中去，那这件事一定要让他感兴趣才行，有足够的魅力能够吸引他。我们会发现有些孩子在看动画片时，常常非常忘我，此时你跟他讲什么，他都听不见，有时候我们不得已要用手去拍他一下，才能让他从动画片中"走"出来。

所以，让孩子全力以赴并不是父母逼出来的，是需要他心甘情愿地付出，父母应该注意观察孩子，发现孩子的兴趣，在以兴趣为指导的前提下，让孩子全心全意地投入到自己喜欢做的事情上去，此时父母若能给予积极的鼓励与赞美，孩子往往就能全力以赴。

总之，让孩子全力以赴并非逼迫孩子做自己不喜欢的事情，全力以赴的主体是孩子，要让孩子心甘情愿地付出，这是其一。其二，父母对孩子的要求不要过于宽松，发现孩子有哪方面的潜质之后，就应该适当地给孩子一些压力，有了压力才有动力，有了动力才能让孩子全力以赴，最大限度地激发孩子的潜能，成就与众不同的孩子。

孩子偏科竟是因父母一句话

你是否发现孩子在做有些科目的作业时速度很快，很轻松，而做另一些科目的作业时，却总是磨磨蹭蹭，拖拉很久都做不完呢？这很有可能是因为孩子偏科造成的。不少家长认为孩子偏科是因为先天弱势造成的，其实不然，父母的一句话也可能是导致孩子偏科的根源。

最近，聪聪的父母正在为聪聪的数学成绩担忧，聪聪上初中二年级，之前，他的数学成绩还不错，可自从上了初中，换了一个数学老师后，他的成绩就直线下降。为此，父母还专门请了老师来家里给聪聪辅导，购买了数学课外书，可是不管怎么努力，聪聪的数学成绩就是上不去。

一天晚饭后，一家三口坐在一起再次讨论起聪聪的数学成绩，聪聪无意中的一句话令父母恍然大悟，聪聪说："你们不是说了吗？这个数学老师一点都不喜欢我，所以，我不爱上他的课，到了数学课上，我就想睡觉。"

原来，在上初一的时候，聪聪是班上的数学课代表，老师对他很关照。到了初二，换了新来的数学老师就将数学课代表更换了，这让聪聪心里有些不舒服。后来，聪聪的父母去学校接聪聪的时候，和数学老师打过几个照面，因为这个数学老师不善言谈，给聪聪的父母留下了不好的印象，他们片面地认为是这个老师不喜欢聪聪，才对他们如此冷淡，并将他们的想法告诉了聪聪。有好几次，他们都问聪聪："是不是这个数学老师不喜欢你呀？为什么你们数学老师见到我们总是爱答不理的呢？"

不少家长喜欢在孩子面前评判老师，甚至说老师的坏话，这会对孩子造成一定的影响。孩子年龄小，自我认知和判断能力都不强，很容易受他人的影响。在我们人类大脑的半球额部有一块皮层，叫做大脑前额叶，被称之为"脑中之脑"，它的功能就是创造、领导、判断、目标憧憬、分析、思考、内省、操作，从这个功能上，我们就可以看出，它对人的思维活动与行为表现有十分突出的作用。

在本文案例中，聪聪的父母给聪聪的大脑传递了这样一个信息，"数学老师不喜欢你"，那么，对于听觉敏锐的孩子来说，认知型的大脑就会对数学老师贴上一个不喜欢的感情标签，之后，大脑前额叶就会做出理解判断，数学老师的确不喜欢我，那么，聪聪就会从心里抵制数学老师以及与其相关的东西，比如不愿意上数学课，不愿意完成数学作业，不愿意听数学老师的话等等。久而久之，聪聪对数学老师的厌恶之情就会加深，形成刻板效应，很难轻易改变。

实际上，孩子天生的发展潜质虽然很重要，更为关键在于后天他的大脑接收到了怎样的讯息，得到了怎样的启发和引导。在一个家庭中，我们经常发现一家人的饮食习惯非常相似，妈妈不喜欢吃的青菜，孩子也常常不喜欢吃。因为不喜欢，所以妈妈很少做这个菜，而且还会经常跟孩子说这个菜不好吃，慢慢地，孩子也不喜欢吃了。

这就告诉我们，孩子出生的时候，大脑就是一张白纸，你给他传递什么样的信息，他就接受什么样的信息。父母千万不要给孩子灌输什么偏科不偏科，哪个学科好学哪个学科不好学的想法，更不要在孩子面前评判老师，说老师的坏话更是大忌。

如果孩子不是因为父母的影响造成的偏科，应该搞清楚孩子偏科的原因，再对症下药，才能取得好的效果。一些家长认为孩子偏科，找老师补习，把"瘸腿"的补上来就行了，其实并不是这么简单，有些孩子可能是某些方面先天弱势造成的偏科。

比如，有些学生学不好数学，其原因有可能是多方面的，比如左额叶分配的脑细胞量少，数理逻辑就会偏弱，天生对数字符号不敏感；有的孩子枕叶脑细胞量少，自然观察智能就会表现不佳，做事比较粗心；右额叶发展潜量小，空间想象力就会欠缺等等。一些家长根本不了解孩子的问题出在哪里，就妄下判断，给孩子补课，搞题海战术，结果弄得孩子身心疲惫，也不见效果，正确的做法应该是针对孩子成绩无法提高的不同原因进行有针对性的弥补，才能事半功倍。

其次，发现孩子偏科之后，不要给孩子消极的暗示，比如，有些父母发现孩子英语学得不好，妈妈就会说："你这点随你爸爸，你爸爸当年的英语成绩就没及格过。"这样一来，孩子就会认为我英语学不好，是因为遗传因素，看来是无法弥补了，干脆破罐子破摔吧。

不少孩子偏科是因为缺乏兴趣造成的，你可以有意识地去培养孩子的兴趣。比如英语学不好的孩子，你可以在家里给孩子创造一个学习英语的环境，要求孩子回家之后，一家人要用英语交流，当孩子有一点点进步时，都要及时地给予表扬鼓励，让他树立自信心。

另外，有些感觉型的孩子，偏科是受老师的影响，孩子偏爱某一科目，往往是因为喜欢这一学科的任课老师，很在乎这个老师的评价，老师的一个眼神，一句赞许，都能激发孩子学习的动力。相反，孩子不喜欢某一科目，也可能是因为不喜欢这一学科的任课老师，对此父母要积极引导孩子，跟孩子说一说这个老师的优点，从积极的角度去看待问题，也可以跟老师沟通，让老师多关注一下孩子，这都是很好的解决办法。

最后，提醒父母朋友们一句，纠正孩子的偏科需要一个过程，不要急于求成，更不能因为偏科反复唠叨孩子，那只会让孩子更加讨厌某些学科，不仅不能纠正偏科现象，还会愈发严重。顺强扶弱，因势利导才会收获更多。

勤劳的父母教不出优秀的孩子

有这样一个奇怪的现象，在一对夫妻中，如果有一个人很勤快，那么另一个人就相对比较懒惰，总之，两个人比较起来，总是有一个人勤快，一个人懒惰。因为勤快的人觉得对方是不会干家务的，与其与他吵架，不如自己干了算了，于是就变得越来越勤快，而懒惰的人则会想反正我不干，你也会干，于是就变得越来越懒惰。

勤劳与懒惰是一对矛盾体，相互制约，相辅相成。在一个家庭中，如果父母很勤快，那么，孩子就变懒惰了；如果大人很懒惰，孩子就变勤快。只不过，现在多数的家庭中，父母勤快孩子懒惰的情况占多数。我经常听到一些妈妈们说："自从孩子出生，我就为他操碎了心""我愿意为孩子付出一切""我把所有的时间都花在教育孩子身上了"……说实话，现在的家长真是不容易——早晨催孩子起床，为他做早餐，整理书包，晚上陪他温习功课，检查作业，忙前忙后，没有一刻休息的时间。

很多人都信奉"付出就有回报"的真理，但是在教育孩子这个问题上，越来越多的家长感觉到"勤"不一定能有好的效果，往往是家长为孩子忙前忙后地伺候着，累得心力憔悴，孩子却没有丝毫的进步，这是为什么呢？在这里，我先来插一段故事。

在女儿小的时候，发生过一件至今令我记忆犹新的事情。有一次，幼儿园要求家长与孩子一起做手工来庆祝中秋节，女儿说她喜欢灯笼，要我和她一起做灯笼。因为当时很忙，我就对女儿说："那你先自己准备材料吧。"女儿很高兴地答应了，一个人在房间里跑来跑去，把家里不用的纸盒、贴纸、水彩笔、胶水、剪刀等材料都准备好了，然后兴致勃勃地对我说："妈妈，你快来，我们开始做灯笼吧。"

女儿虽然年纪小，但很有想法，在做灯笼的过程中，她总是指挥我这样做那样做，开始的时候我还是耐着性子配合着，但脑子里依然想的是工作上的事情，有些心不在焉，本以为很简单的手工花不了多少时间就能做好了，但由于女儿的种种苛刻要求，花了一个半小时还没有做出灯笼的模样。我有些着急，决定不再听她的指挥，按照自己的想法三下五除二就把灯笼做好了。我把灯笼拿到女儿跟前，高兴地说："你看这个灯笼漂亮吗？"

没想到，女儿却嘟着嘴巴，一脸不高兴的样子。第二天早晨，我和女儿将作品拿到幼儿园里，老师对女儿说："你的灯笼太漂亮了，一会儿你给小朋友们讲一讲是如何做的吧？"女儿却很生气地说："这灯笼根本不是我做的，是我妈妈做的。"弄得我很尴尬。

　　当时我并不明白女儿为什么这么生气，灯笼做得这么漂亮，干嘛生气呢？过了很久我才明白，原来在做灯笼的过程中因为缺乏了女儿的参与，即便是灯笼做得很好，很成功，女儿都无法体会到成就感。这之后，我就很少插手她的手工艺品的制作了，只在一旁协助她，有时候虽然作品做得不怎么样，但孩子却非常高兴，拿着自己的作品左看右看，一副心满意足的样子。

　　孩子要认识这个世界，与这个世界产生连接，他才有幸福感，而这个连接最重要的一个方式就是动手。所以，父母应该让孩子自己去做，自己去感受，而不是什么事情都由父母代劳，哪怕是一件很小的事情，孩子通过自己的亲身感受也能体会到幸福与快乐。比如，我以前不会穿衣服，现在我会了；以前我不能独立上厕所，现在我可以了，这些小小的成功都能让他更自信，更有成就感，更有幸福感。

　　日本作家林成之在他所著的《影响大脑的7个坏习惯》中提到，人的大脑信息流向中，有一个部分具有专门进行自我奖励的动机，人只有在主动性驱使下，才会让大脑中的"自我报酬神经群"产生活动，反之，则阻碍这一神经群，影响大脑的活动状态。

　　所谓的自我报酬神经就是自己奖励自己，觉得自己很好，产生一种精神上的鼓励，最直接的表现形式就是感到身心愉悦，平常我们会看到有些小孩子在做成一件很小的事情时，他都会高兴得手舞足蹈，这促进了孩子自我报酬神经的锻炼，有了这种愉悦的体验，他会更加努力，从而有利于他潜能的开发。

　　注意，促进自我报酬神经的锻炼需要孩子在主动的促使下，通俗地讲，就是他非常愿意去做某件事情。有些孩子一回到家里就会乖乖地写作业，有可能是因为他真的爱学习，这就是在主动的促使下，促进自我报酬神经的锻炼，而有些孩子虽然也会乖乖地做作业，却是因为屈服于父母的严格要求，在父母的监督下不得不这样做，这样就无法促进自我报酬神经的锻炼了。

通过以上的讲解，父母们应该明白什么事情都冲在孩子前面去做，并不一定是好事，很多时候常常事与愿违，帮了孩子的倒忙，孩子的成长是他自己的事情，父母在一旁辅助指导即可，所以，以下这些事情，父母还是尽量不要做得好。

陪写家庭作业。

很多父母抱怨说，现在根本不是孩子在读书，而是自己在读书，老师将家庭作业以微信的形式发给家长，之后家长就要将作业内容转述给孩子，还要陪在孩子身边，时刻辅导，真是太累了。

其实，你完全没有必要这样累，只要按时提醒孩子该做功课了，做完后告诉家长一声，如果要检查作业，最好也让他自己检查，因为孩子无法将你带到考场中去，让你替他检查吧？遇到不会解答的问题，先让他自己开动脑筋，实在不会，再告诉他到哪里去寻求帮助，总之要靠自己的能力去解决困难，而不是事事都由父母代劳。

少唠叨，培养孩子的自觉性。

唠叨多了，孩子会烦，不唠叨，孩子又没有自觉性，怎么办？那就让他吃点苦头，体会一下就好了。有一次女儿晚上非要看电视，我催促她几次，她都不愿意上床睡觉，后来我干脆不管了。第二天早晨，我也没有叫她起床，一睁眼已经是九点钟了，女儿哭着怪我没有叫醒她，我严肃地告诉她："这是你自己的事情，我昨晚已经提醒过你早点睡觉，所以，后果你要自己承担。"从那以后，孩子再也没有熬夜看电视。

不插手、不动手。

只要是孩子自己能做的事情，家长尽量不要插手。不会做的事情，家长可以教他，让他学着做，这次学会了，下次他就不会麻烦你了。因为他知道，即便麻烦你，你也不会帮他。这看起来是很残忍的事情，其实对于培养他的独立性是非常有帮助的。

最后，我用龙应台写给儿子安德烈的一段话来作为结尾，希望家长朋友们能从中有所感悟，"孩子，我要求你读书用功，不是因为我要你跟别人比成绩，而是因为，我希望你将来会拥有选择的权利，选择有意义、有时间的工作，而不是被迫谋生。当你的工作在你心中有意义，你就有成就感。当你的工作给你时间，不剥夺你的生活，你就有尊严。成就感和尊严，给你快乐。"

"电子保姆" 惹祸端

如今，积木、玩偶、小汽车已经无法满足孩子们对玩具的需求，当下最火的玩具当属电子产品，psp、iPhone、iPad是很多潮爸潮妈买给孩子的时尚礼物。

朋友家的小孩今年才4岁，用起电脑、手机可谓是无师自通。平时父母用时，小家伙就在一旁偷看，慢慢地就学会了，还学会了用微信发红包，孩子的妈妈说："我们从来就没有教过孩子怎么使用电脑、手机，可他现在用起这些电子产品简直是轻车熟路，甚至比我还要熟悉，有时候我还需要'请教'他呢！"言语中透露出自豪感。

现在很多父母对于孩子使用电子产品持比较宽松的态度，一位年轻的爸爸曾对我说："现在的孩子就是要接触高科技，与时俱进，光死读书是没有用的，像iPad完全可以充当早教机，可以帮助孩子开阔视野"；有的家长出于攀比心理，别人家孩子都有，我家孩子也要有，不能比别人差，不然孩子会产生自卑心理；还有的家长把电子产品当成电子保姆，"我每天收拾家务的时候，都会把手机给孩子玩，这样他就能安静一两个小时，让我安心地做家务了"。

当然，我不否认电子产品的一些优势，但是对孩子来说，没有什么比身心健康更重要的了。电子产品对孩子身心健康的影响是显而易见的，所以，我坚决反对父母让孩子把大量的时间花在电子产品上。

关于电子产品对孩子的影响，不少父母只知其一不知其二，这也是导致他们对电子产品持有宽松态度的重要原因之一。很多父母只知道电子产品会对孩子的视力造成影响，因为电子产品快速变化的图像和相对较小的屏幕，以及在玩的过程中眼神的专注，都会使孩子的眼睛长时间地聚焦在某个点上，而孩子的视觉发育还不是很成熟，电子产品鲜亮的画面很容易产生视觉疲劳，导致近视与弱视。

实际上，电子产品对孩子的伤害远不止视力这一项。神经科学研究发现，电子产品会对大脑产生不小的影响。比如，玩电子游戏者的大脑之中，负责处理冒险和奖赏的区域会比一般人大，但是处理情感和冲动的大脑区域活性则比一般人要低，而且他们大脑的神经递质多巴胺较多，这种物质与成瘾有关。相比于成年人，孩子的自制力更差，使用电子产品更容易上瘾。

另外，孩子过早使用电子产品，会给以后的文字学习造成障碍，因为长期关注视频，就跟大人不动脑筋看电视一样，孩子就懒得去思考了。尤其是3岁以下的婴幼儿，在其大脑发育的重要时期，更应该多接触父母，多与人交流，而不是整天和屏幕打交道，这对大脑发育和孩子认知能力的提升有很大的负面影响。

除了影响视力、大脑发育之外，电子产品还会影响孩子的阅读与交际能力。近年来，英国做过一项调查，发现有语言障碍的少年儿童在过去6年间增加了71%，语言研究专家认为，这与智能手机、游戏机等电子产品更多地进入儿童生活有一定关联——长时间使用智能手机和电脑等电子设备，会影响儿童的阅读能力。

更有许多心理教育和医务工作者在实践中发现，使用电子产品过多的孩子，注意力很难集中，控制能力差；意志力薄弱，情绪不稳定；对环境刺激的敏感度降低等。

虽然电子产品会对孩子产生很多不利的影响，但是不可否认的是电子产品在共享资源、扩大知识面上有着独到的优势，将孩子完全隔离在电脑等电子产品之外，几乎是不可能的，就像有些家长说的那样，"与时俱进"还是很有必要的。

所以，我认为父母对待电子产品的态度既不能过于宽松，也不能完全否定，懂得如何让孩子合理地接触电子产品是最重要的，让孩子接触电子产品时，要充分考虑孩子的年龄特点，以及身体发育情况，制定出相应的策略。

0~2岁的孩子，他们的大脑需要在真实的环境中才能健康地发育，通过一些活动，如爬、走、拿等活动让孩子感知真实的世界，此时孩子的成长学习需要调动多种器官协同作战，比如视觉、听觉、味觉、触觉、嗅觉，等等，才能丰富他们的认知。所以，不应该让孩子接触电子产品，应该多和孩子交流，做一些亲子游戏。

2岁到学龄前的孩子，其能力处于迅速增长时期，为了促进他们的大脑发育，家长可以给孩子买一些适龄的图书，陪孩子一起阅读。当然，多数孩子在这个年龄段都会接触电脑，我认为学习一些知识，听一些儿歌、故事，只要时间不太长是完全可以的，但对于上网冲浪、游戏等应该坚决拒绝，以免孩子上瘾。

等到孩子上学了，就应该严格控制电子产品的使用时间了。现在很多学习、培训机构都会用到多媒体教学，给孩子提供了越来越多的接触电脑的机会，此时，父母不应该杜绝孩子使用电脑，而是应该规定孩子使用电脑的时间。

对于孩子游戏的要求也可以适当满足，比如规定每次玩游戏的时间不能超过半个小时，每20分钟做做眼保健操，休息一下等，但对于游戏的内容父母要严格把关，网络世界里有很多不利于孩子成长的内容，孩子辨别是非的能力不强，很容易受不良信息的影响，所以，父母要对孩子玩的游戏进行评判，坚决不允许孩子玩那些不利于身心健康的游戏。

如果孩子此时已经沉迷于手机、iPad、电脑等电子产品，父母应该及时采取措施，以免孩子越陷越深。我认为解决这个问题，父母首先要做好榜样。很多父母回到家里都是一个人拿着一个手机，看新闻聊微信，现在的家庭又多数是一个孩子，孩子没有人陪，就会感觉很孤单，学着父母的样子玩手机、上网冲浪。改变这一现状，仅仅要求孩子是没有用的，自己都做不到，你怎能让孩子做到呢？况且孩子也会很不服气，"为什么你可以，我不可以呢？"

有一位家长为了纠正儿子玩手机的习惯，每天下班后就会将自己的手机藏起来，起初孩子会很烦躁，和父母哭闹着要手机，每当这时，父母就会和孩子做一些有意义的事情，比如一起读书，一起下棋，或者做一些小手工，孩子忙碌起来之后，就把手机的事情忘记了，慢慢地就纠正了爱玩手机的坏习惯。

其实，这是一种替代疗法，有了更有趣的活动，孩子自然就会忘记电子产品了，这比光训斥孩子管用多了。当然，你也可以改变吃完晚饭就坐在家里不动的习惯，晚饭后带孩子一起出去散散步，打打球，离开摆弄电子产品的场所，也是一个不错的方法。

第三章

了解是孩子成长的催化剂

"小福尔摩斯"养成记

相信很多朋友都看过《福尔摩斯探案全集》，其中有一个场景给我留下了深刻的印象，就是福尔摩斯第一次与华生见面时，立刻辨别出华生是一名去过阿富汗的军医。福尔摩斯为什么能够迅速准确地做出判断呢？这源于他敏锐的观察力。

凡是能够做出一些成就的人，都具备一个重要的品质，那就是敏锐的观察力。英国的生物学家、进化论的奠基人达尔文有这样一句名言：作为一个科学家来说，我的成功之处在于：对科学的热爱；长期以来，在思索问题时都拥有无限耐心；勤于观察和搜集事实；拥有相当的发明能力和丰富的常识。

达尔文从小就对动植物很感兴趣，喜欢观察动植物。年幼的达尔文在观察动植物的时候，还会对自己搜集的标本做一些简单的记录，有时还会附上简单的插图。一天，舅舅看了达尔文的摘记后，对他说："只做摘记是不够的，你要把自己当作一个画家，但不是用颜色和线条，而是用文字。当你描述一种花，一种蝴蝶，一种苔藓的时候，你必须使别人能够根据你的描述立刻辨认出这种东西来。为了搞好科学研究，你必须进一步提高你的文字表达能力，要像莎士比亚那样用文字描绘世界、叙述历史、打动人心。"

听了舅舅的话，达尔文专门准备了一个记事本，将每次观察的结果都认认真真地记录下来，并在其中加入自己的想法。20年后，达尔文根据多来的观察记录写出了《进化论》，成为世界著名的生物学家。

无独有偶，德国生理学家和实验心理学家普赖尔，对自己的孩子从出生到3岁每天进行系统观察，之后，他把这些观察记录整理成了一部有名的著作《儿童心理》，于1882年出版，被公认为第一部科学的、系统的儿童心理学著作。

观察是有一定目的、有选择、有组织的感觉和知觉，全面、正确、深入、细致地观察事物的能力称为观察力。具备敏锐的观察力对于一个人成才是非常重要的素质之一，科学研究表明，人获取的各种信息中，来自眼睛的信息占到了83%，而其中有相当一部分是通过观察获得的。

对于孩子来说，观察是他们认识世界、增长知识的重要途径，是进行科学发明与创造的前提，尤其是在幼儿时期，此时是孩子智力发展非常迅速的时期，对外界事物的观察则是发展幼儿智力的主要途径。

大约从2岁起，孩子就具备了初步的观察力，随着年龄的增长和知识的增加，观察能力会得到逐步的提高，不过，幼儿的观察力与成人的观察力是不同的，主要呈现出以下几个特点：

观察不够细致。

幼儿观察事物，常常会出现两种极端：一是注意轮廓，忽视细节；二是注意某些细节，忽视整体轮廓。这一表现与孩子的知识经验欠缺有一定关系，比如，有些孩子在画画时，你会发现他会把纽扣画得特别大，与衣服的大小完全不成比例。这或许是因为他每天在脱穿衣服时，都会接触到纽扣，使得孩子对纽扣有了深刻的印象。

这是孩子非常注意细节的一个表现，有时候孩子还会突出轮廓，忽视细节，比如多数幼儿在画人物时，都会忽视脖子、耳朵这些小细节，而把脑袋、身子画得格外突出，因为脖子藏在头和躯干之间，而耳朵常常会被头发盖住，这些都是不大容易注意到的细节。

观察的持续性与稳定性较差。

由于孩子的注意不稳定，加之容易受周围环境的干扰、影响，使得他们观察的持续性与稳定性比较差。研究表明，幼儿自由观察图画的平均时间：3~4岁为7秒钟，4~5岁为8秒钟，6岁观察的时间显著增加，为12秒钟。

观察不够深入，概括性差。

幼儿多是观察事物的表面现象，比较肤浅，缺乏抽象概括思维能力的组织与指导，所以，不容易深入地观察，概括性较差，不善于从观察中找出规律。比如，孩子看到家长喂小猫小狗，他也会学着父母的样子去喂，但是他没有仔细观察到什么样的食物才是小猫小狗喜欢吃的，他会拿苹果、香蕉来喂小猫小狗。

观察的目的性不强。

幼儿观察事物全凭兴趣，往往没有计划和目的，比如你让孩子观察小蜗牛是怎样爬行的，孩子可能一下子就被蜗牛背上的壳吸引了，顾不上观察蜗牛是怎样爬行的了。

观察缺乏独立性。

幼儿在观察事物时，很容易受周围人的暗示，缺乏观察的独立性，比如几个小朋友在观察一朵花，只要有一个小朋友说了这朵花的特点，那么，其他小朋友就很难再继续观察下去，他们会跟着别人的说予以复述。

以上我们了解了观察力的重要性，以及幼儿观察力的一些特点，接下来我来说一说如何培养孩子的观察力。观察力的培养要尽早进行，当孩子养成观察事物的习惯之后，他们在看到某一事物时，就会不自主地去观察，并在观察中不断激发自然观察智能。

首先，捕捉孩子的兴趣，引导孩子观察。

孩子天生就有强烈的好奇心，任何一件细小的事情都能激发起他的兴趣，只是不少家长因为忙碌，没有注意到，更不可能积极地去引导孩子观察了。所以，我们平时应该给孩子更多的关注，发现孩子对某件事物感兴趣时，你要引导他去观察。

有一次，女儿在公园玩，被地上的一条小青虫吸引了注意。她蹲下来目不转睛地看着小青虫，小青虫的身体一缩一伸地向前爬，憨憨的样子逗得女儿哈哈大笑。我借此机会问了女儿一些问题："小青虫有脚吗？""是不是所有的虫子都有一样的脚""小青虫是怎样爬的？"

那天我和女儿在公园玩了整整一下午，我们发现了很多很多可爱的小虫子，每发现一只虫子，女儿都很兴奋地叫起来，然后我让她给我讲一讲虫子的特点，她的兴致一直很高，一直到天黑，才恋恋不舍地离开。

另外，提醒大家一点，在引导孩子观察时，不光要让孩子用眼去看，更要调动孩子的多种感官，视觉、听觉、触觉、嗅觉都可以参与进来，这样做有两个好处：一是使大脑从多方面进行分析综合活动；二是使孩子的兴奋中心能够不断地转移，克服了孩子注意力稳定性不强的问题。

其次，选择合适的观察对象。

选择一个孩子完全不感兴趣，或者是超出孩子知识经验范围之外的观察对象，孩子就会对所观察的事物产生反感。家长在选择观察对象时，应该根据幼儿的年龄特点来选择，幼儿多喜欢色彩鲜艳、新奇的事物，比如美丽的花草、漂亮的蝴蝶等可爱的小动物。

另外，选择色彩鲜艳、新奇的事物，不易让孩子产生疲劳和厌倦心理。相关研究表明，人在观察事物时，大脑皮层的相应区域会产生优势兴奋中心，对所观察的事物给予最清晰的反映，而这种集中注意的观察是很疲劳的。

为了培养孩子的观察能力，你可以在家里种一些蔬菜、菌类植物，占地空间无需太大，并给它起一个好听的名字，比如蔬菜园，让孩子来担任园长，负责幼儿园的管理，浇水施肥，并观察记录蔬菜的生长情况。

最后，教给孩子观察的方法。

培养孩子的观察兴趣是第一步，接下来还要教给孩子正确的观察方法。平时我们会发现，孩子在接触一些新事物时，总是东看看西瞧瞧，这摸一下，那摸一下。没有正确的观察方法，很容易把观察事物的重要特点漏掉，不仅达不到观察的目的，还容易养成不良的观察习惯。下面我给大家介绍几种适合幼儿观察的方法：

第一种方法：顺序法。

顺序法指按一定顺序来进行观察，比如由远及近、从整体到部分、从上到下等，没必要让孩子一定要学会哪种观察方法，只要孩子掌握一定的顺序进行观察就可以了。

第二种方法：比较法。

比较法指对两个或两个以上的事物或现象的不同点和相同点，让孩子掌握这种观察方法，有利于孩子正确细致、完整地认识事物。比如，你可以拿一根黄瓜和丝瓜来让孩子观察，找出他们有哪些不同。

第三种方法：追踪观察法。

追踪观察法是指让幼儿对某一事物或现象的变化和发展进行间断性的、有系统的观察，使幼儿了解其生长变化和发展的全过程，从而形成完整的认识。

要让孩子掌握这种观察方法，在前面我提到的家庭蔬菜园就可以派上用场了，可以让孩子完整地观察一棵植物播种——发芽——开花——结果的过程。这种方法还能锻炼孩子的耐心、细心，可谓是一举多得。

待孩子掌握了一定的观察方法之后，他们就无需父母在身边指导，不再是爸爸妈妈让我知道了什么，而是孩子自己知道了什么，还可以把他观察到的情况讲给父母听，这对他今后观察力的提高会大有帮助。

培养孩子积极的意识

著名教育家魏书生曾经提到过这样一个经典案例：两个人到医院看病，一个真有病，患上了很严重的肺病，医生给他照了X光，另一个没病，但他有疑心病，总觉得自己患上了重病，非要医生也给他拍个片，医生熬不过他，只好给他也照了。没想到，片子洗出来之后，两人的胸透片在往病历档案里装时弄反了。

看片子时，有病的人一看自己的病已经好了，顿时感到心情舒畅，每天都过得十分开心，过了一年，到医院复查，病竟然不治而愈。而那位怀疑自己有病的人，本来就疑心重，再看到自己肺部的病灶片子后，心情更加低落了，心理压力非常大，惶惶不可终日，每天提心吊胆地过日子，结果不到一年时间，就因病去世了。

抛开医患事故不谈，这个故事让我们认识到了潜意识作用的重要性，当意识通过潜意识告诉病人自己没病时，潜意识便调动体内的潜能向病灶进攻，以使自己真的没病，结果依靠潜意识的力量战胜了病灶，使病人逐渐恢复。相反，当意识通过潜意识告诉病人自己有病，而且非常严重时，潜意识便会组织身体各部分器官撤退，把病灶引入体内，最终使健康的人变成了病人。

这说明积极的意识能够激发人的潜能，我们看到一些运动员在比赛前，常常会自言自语一阵，其实这就是在对自己进行积极的心理暗示，以激发身体潜能，获得最佳成绩。同样的道理，对于大脑的潜能开发也一样，如果能够不断地输入积极的意识，让意识通过潜意识对大脑提出要求，潜意识就会调动体内的潜能发挥作用。比如，当你心情不好时，你可以出去散散步，并在心里默默地对自己说："我一定要开心起来。"反复几遍，你会发现自己的心情真的晴朗起来了。

对孩子而言，从小培养积极的意识对于他的成长，乃至一生都会起到不可估量的作用。父母是孩子的第一任老师，家庭是孩子的第一课堂，孩子出生后很多知识都是从父母、家庭中获得的，由于每个孩子生长的环境都不同，所以，每个孩子身上的"烙印"也不同，有些孩子就变现得十分积极，有些孩子则变现得十分消极。

举一个非常简单的例子，有些家长从幼儿园把孩子接回家后，都会问一问孩子在幼儿园的情况，有些家长会问："宝贝，今天有什么开心的事情，能讲给妈妈听吗？"有些家长则会问："你今天有什么不开心的事情吗？是不是又和谁打架了？"

很显然，这两类问话反映出家长的不同心态，一个是积极的心态，一个是消极的心态，对孩子的影响自然也是不同的，积极的心态会引导孩子的积极注视，反之，消极心态则会让孩子学会消极关注。

自我意识是人社会化的一个重要目标，也是人格发展的内在动因，具有积极的自我意识的儿童会表现出乐观、自信、自尊、有进取心、有责任感，也更容易成功；反之，则由自卑、胆小、依赖、害怕挫折的倾向，甚至出现一些逆反行为。

英国作家狄更斯说："一个健全的心态，比一百种智慧都有力量。"在未来的社会中，竞争会更加激烈，只有那些自尊、自信、自立的人才能更好地适应社会的需求，而这样的人必须具备积极的自我意识。那么，父母该如何培养孩子的积极意识呢？

首先，家长要以积极的心态影响孩子。

一些家长平时说话时，很少考虑到孩子在身边，往往是有什么说什么，殊不知，你这种有意无意的言行，正是导致孩子消极行为的罪魁祸首。

小敏与小俊年龄相仿，又是邻居，平时走动自然多了些。但小敏的妈妈觉得小俊一家人很不好相处，对于小俊家的一些行为也比较反感，比如小俊的妈妈经常会把一些生活垃圾放在楼道里，生出一些怪味，还会把自行车堵在路中央。小敏的妈妈是个爱唠叨的人，她虽然不会直接和小俊家吵，但每次看到楼道口堵着东西，都会回家和老公唠叨，"小俊一家人真是没素质，到处丢垃圾，和他们家做邻居真是倒霉啊！"

时间长了，小敏对小俊的态度也发生了变化，原本是很好的朋友，现在小俊来小敏家做客，小敏总是爱理不理的，还故意找茬和小俊吵架。小敏的妈妈感到奇怪，就责备女儿说："小敏，你怎么能这样对待自己的朋友呢？"小敏干脆地回答："我才不和没素质的人交朋友呢！"妈妈问："你怎么能这样说小俊呢？"小敏则反问道："这不是你说的吗？你每天都会抱怨和他们家做邻居啊！"

当你经常抱怨邻居时，你的孩子当然也会对邻居产生敌意，所以，我们在社会上接收到的一些负面信息还是少在孩子面前唠叨为好。有一次，几个朋友聚会，其中有一个人算是暴发户吧，读书不多，但很会做生意，在饭桌上，就大谈现在的社会，金钱是多么的重要，上学多么无用，当时他的儿子就坐在一旁。试想一下，如果哪一天孩子学习不努力了，你在教育他的时候，他会不会用你的话"上学是没用的"来反驳你呢？对于社会上的负面信息，我们要给孩子正面的引导，凡事都有好的一面，也有坏的一面，我们要教会孩子在黑暗中看到光明。

女儿上幼儿园的时候给我讲了这样一件事，班上的一位小朋友在吃饭的时候总是说话，老师就让另外一个小朋友打说话小朋友的手掌一下，并叮嘱一定要狠狠地使劲打。女儿跟我说起这件事时，我很吃惊，我认为作为老师，不应该让孩子用暴力解决问题，孩子辨别是非的能力很弱，他们判断对错的标准往往来自成人的一些言行，尤其是老师。

女儿问我："那下次再有小朋友在吃饭的时候说话，我是不是也可以打他的手掌，帮助老师教训他呢？"对于孩子的问话我是这样回答的，老师的做法是不对的，可能是那天小朋友太调皮了，老师有些生气了，所以才那样做，其实老师对你们还是很好的，谁都有犯错的时候，我们应该原谅老师，我相信老师下次肯定不会这样做了。

　　事后，我偷偷地给老师打去了电话，和她做了沟通，老师很诚恳地表示了歉意。第二天，老师当着全班小朋友的面，给大家道了歉，女儿小小的困惑也得到了解决。

　　教育家斯宾塞说："孩子很容易受到家长的影响，如果他感受到了你的积极，他会慢慢获得一种美好的人生体验，信心倍增，人生目标感也越来越强烈。"从现在开始，家长朋友们，就请注意自己的一言一行吧，不要让孩子的积极心态因为你的不当言语而受到影响。

　　其次，给孩子传递积极的期望。

　　1968年，罗森塔尔和雅各布森带着一个实验小组走进一所普通的小学，对校长和教师说，要对学生进行"发展潜力"的测验。他们在6个年级的18个班里随机地抽取了部分学生，然后把名单提供给任课老师，并郑重地告诉他们，名单中的这些学生是学校中最有发展潜能的，并再三叮嘱老师要保守这个秘密，并注意观察这些孩子。

　　8个月后，当他们回到该小学时，惊喜地发现，名单上的学生不但在学习成绩和智力表现上均有明显进步，而且在兴趣、品行、师生关系等方面也有了明显的变化。这一现象被称为"期望效应"。

　　如果你希望你的孩子越来越好，就应该给孩子传递积极的期望，期望对人的影响是巨大的，积极的期望能促进孩子朝好的方向发展，消极的期望能促进孩子向坏的方向发展。也就是说，孩子的智力发展与潜能开发和家长的关注度是成正比的。现在来审视一下自己，你是经常会对孩子说："孩子，相信自己，你一定行的"，还是经常会对孩子说："你真笨，没出息"呢？

　　第三，注重内在评价原则。

　　赏识孩子，及时表扬孩子，这些观点的积极作用已经被读者熟知，实际上，我们不仅要给予孩子外在的赞扬，更重要的是帮助孩子多做内在的自我激励。每个人都有优点和缺点，家长的职责是让孩子既认识到自己优点，也要清楚自己的缺点，接纳自己不够好的地方，并尝试做出改变，取长补短，在自己的进步与改变中，使孩子越来越自信。

家是心灵的港湾，父母是孩子的榜样。父母平时要随时随地向孩子传递一种积极的人生信念，随时注意自己的言谈举止，用美好的感觉、愉快的情绪去感染孩子，让孩子在积极的自我意识下去做事、做人，那么，他的未来一定是成功的，一定是如你期待的那般美好。

唤醒求知欲望

每个人都有一种内在的精神需要，即认知的需要，无论是在生活中，还是在学习工作中，当我们面临困难，感到自己缺乏相应的知识时，就会自觉地去学习新知识，或者扩大、加深已有的知识储备，这种情景多次出现，认识倾向就会转化为个体内在的强烈的认知欲求，也就是我们说的求知欲。

求知欲是推动人们探求知识并带有感情色彩的一种内在要求，是人们追求知识的动力。求知欲望强烈的人总是用好奇的目光去注视周围世界，从中获取自己需要的知识，也就是说，求知欲望强的人往往能够使自己的潜能得到有效发挥，能够成就一番伟业。

1939年，以色列科学家阿达·约纳特出生在耶路撒冷的一个贫困家庭，父母没有太多的文化，但尽全力为她营造了良好的教育环境。

阿达·约纳特是一个非常执着的人，她在研究核糖体结构时，遇到了极大的困难，同事们都认为难以获得大的进展，劝她放弃。但正是好奇心和对自然奥秘的求知欲让她坚持了下来，克服了重重困难，经过二十年的艰苦努力，最红修成正果。

她因在"核糖体蛋白合成，光合作用中的光反应"领域中获得突出成就，2006年获颁沃尔夫化学奖，2008年获得欧莱雅和联合国教科文组织颁发的"世界杰出女科学家成就奖"，是首位获得该奖项的以色列人，2009年因"核糖体的结构和功能"的研究而获得当年的诺贝尔化学奖。她被称为以色列的"居里夫人"。

阿达·约纳特的故事给我们揭示了这样一个道理：只有渴望获得知识，才能不断地接受新的信息，不断攀登科学的顶峰，无论遇到多大的困难，都不放弃。

对孩子来说，求知欲就是对学习知识产生一种内在的渴望，简单地说，就是"爱学"，孩子"爱学"就会对学习新知识具有一种内在的持续的追求愿望，就能丰富自己的头脑，"学好"知识，取得好成绩。

通常孩子在5、6岁的时候，就开始显现初步的求知欲，随着年龄的增长，孩子在生活、学习中，尤其是在入学进行系统的学习之后，求知欲就能够得到进一步的发展。不过，孩子的求知欲望并不是随着年龄的增长自然提高的，这需要父母的正确引导与培养。

如果孩子从小就有旺盛的求知欲，那么，就可以使孩子具备努力驱动自己求知的动力，自发地去学习，去探索，父母也少了督促孩子学习的烦恼，孩子的这一好品质可以让他受益一生。所以，父母要清楚如何诱发孩子的求知欲，掌握培养孩子求知欲的方法。

《论语》中有这样一句话："不愤不启，不悱不发。"意思是说，不到他努力想弄明白而不得的程度，不要去开导他；不到他心里明白却不能完善表达出来的程度，不要去启发他。孔子提倡的是启发式教学，也就是说求知欲是通过内因与外因相互作用，才最终转变为孩子的自主求知欲望的，光靠老师、父母的讲解是没有用的，关键在于孩子发挥自己的主观能动性。

按照求知欲产生的原因不同，求知欲可分为外在求知欲与内在求知欲。顾名思义，由外因所导致的求知欲就叫做外在求知欲，这种求知欲往往不是很稳定，比如有的家长会对孩子说，如果这次期末考试，你考进全班前十名，我就可以满足你一个愿望。为了实现自己的愿望，孩子会努力学习，表现出很强的求知欲，那么，这就是外在求知欲，一旦实现了自己的愿望，求知欲也就会随之下降。

内在求知欲就是孩子有意识或地运用已学过的知识进行推理、接受新知识，有意识地运用知识进行学习，这种求知欲是稳定的、持久的、自发的，孩子无需父母的监督，会自发地学习知识，并在学习过程中感到快乐、有成就感，使他的求知欲望更加强烈，学习知识的劲头更足。

通过比较我们可以看出，培养孩子的内在求知欲望是最重要的，也是我们的最终目标，那么，我们该如何培养孩子的内在求知欲望呢？

积极地回应孩子的每一次提问。

提问是孩子的求知欲在幼儿期的主要表现，一般从2岁开始，孩子就喜欢问"为什么"，这是培养孩子求知欲的好机会，但是很多家长却将其错过了。对于孩子的"可笑"问题，家长的表现要么是置之不理，要么就是训斥，"哪里那么多事，自己到一边玩去，我忙着呢！"

好奇心一次次地被无情地浇灭，时间久了，孩子就再也燃不起求知的火花了。所以，对于孩子的"为什么"要给予足够的热情，积极地回应孩子的每一次提问，对他的提问，你要表现出高兴，赞美，让他感受到自己的行为是被鼓励的，受欢迎的，才会激发他下次再次提问。

当然，积极地回应孩子的每一次提问，我并不是要家长告诉孩子答案，而是鼓励孩子去探索，通过自己的努力去寻找答案。我听过一次非常有趣的自然课，上课的是幼儿园大班的孩子，课上老师给孩子们讲雾是怎样形成的。

老师先给孩子播放了一些雾的照片，然后问孩子们："你们知道雾是怎样形成的吗？"有个小男孩把小手举得高高的，他大声地说："雾是小水珠组成的，因为我感觉雾落在我脸上凉凉的、湿湿的。"小男孩的话音未落，一个小女孩就站起来反驳，"不对，雾是因为太阳公公睡了懒觉，才形成的，我妈妈说了，太阳公公一出来，雾就不见了。"

班上的小朋友立刻分成了两派，有人支持小男孩，有人支持小女孩，老师就把孩子们分成两派，一派说雾是小水珠组成的，另一派说是太阳公公睡懒觉形成的。老师将相同观点的孩子们聚在一起，互相讨论，交换意见。孩子们吵得不可开交，纷纷拿出证据来证明自己说的是对的。

老师根据同学们的观点把他们分成两派，一派说雨是从海里被风搬过来的，另一派说雨是云彩闹情绪，不高兴流的眼泪。老师指了两个方位，支持谁就站在谁的身边，同学们立即跑了起来，分成两个阵营，他们彼此争论，交换意见。

直到快下课的时候，老师才对大家说，"你们说的都有道理，雾是由水蒸气发生的凝结形成的，也就是你们说的小水珠，但是要形成小水珠就必须有很低的温度，如果太阳出来了，温度就升高了，小水珠就蒸发掉了，就无法形成雾了。"

老师公布答案后，孩子们一个个地欢呼起来，像是打了一场胜仗似的，接着老师又给大家布置了新的思考问题：雾与霾是不是一回事？

这个老师是非常聪明的，他并没有直接把答案告诉孩子，而是在孩子充分讨论之后，再与孩子们分享，保持了教育的克制，而不是灌输式的教育，极大地调动了孩子的积极性，激发了他们的求知欲望。

这个故事给大家的提示就是，对孩子的问题不能有求必应，带领孩子一起去寻找答案，才是最正确的回应孩子的方法。

让孩子体会到知识的作用。

一天，女儿从幼儿园回来，手里拿着一张方形的纸，她问我："妈妈，这是什么形状的？""这是正方形啊！"女儿嗯了一声，告诉我今天老师给她们讲了正方形，说完就把正方形的纸放在了一边。可见，孩子对这个并不感兴趣。

于是，我对孩子说我们来做一个折纸游戏吧，孩子平时很喜欢折纸的，"先把正方形折成三角形……"我边说边将正方形的对角线折在了一起，女儿看到后，吃惊地说："原来正方形是由两个三角形组成的啊！"接着我又给她讲了正方形与三角形的不同，并动手做了很多由三角形组成的剪纸，女儿玩得很开心，同时又学到了很多知识。

孩子的求知欲往往表现出随意性，为了让孩子的求知欲具有持续性，你首先要了解孩子学习过哪些知识，然后将这些知识与她的生活联系在一起，让孩子体会到学习知识的乐趣，就能让他的求知欲保持下去。

学与玩巧妙地结合。

学习是辛苦的，玩是快乐的，爱玩是孩子的天性，如果将学与玩巧妙地结合在一起，岂不是一举两得？有一位家长为了激发孩子的求知欲，经常和孩子一起游戏，一起做实验。在他家里有一个放大镜，太阳出来了，他就带孩子去阳台上，用放大镜聚焦阳光，点燃火柴，并告诉孩子为什么放大镜能够点燃火柴。

这是一个聪明的家长，他懂得孩子的心理，激发了孩子的好奇心与求知欲，让孩子不知不觉地走进了知识的海洋，幸福快乐地畅游。

每个孩子的内心都在演绎着"十万个为什么"，聪明的父母不会直接告诉孩子问题的答案，而是带领孩子去寻找答案，去发现"十万个为什么"背后的百万个为什么。

目标，潜能的引导者

有一次，我去外地开展一项亲子沙龙活动，在活动的现场，我问家长们一个问题："你的孩子有目标吗？"在场的有四五十位家长，竟然没有一个人回答。我接着又问："那你们教育孩子的目标是什么？"家长们先是面面相觑，接着有人向我提出质疑："孩子有什么目标？他们这么小，什么都不懂。"也有人说："教育孩子可以随时随地进行，还需要什么目标吗？"

可见，很多家长对于目标的认识并不是很清晰，处于一种"哪儿都是目标，哪儿就都没有目标"的混沌状态，如浮萍一样随波逐流，就有可能导致让我们与目标失之交臂。

1952年7月4日清晨，加利福尼亚海岸笼罩在浓雾之中，在海岸以西21英里的卡塔林纳岛上，有一名叫费罗伦丝·查德威克的34岁的女人涉水下到太平洋中，开始向加州海岸游过去。如果她成功了，她将是第一个从英法两边海岸游过英吉利海峡的女人。

那天早晨，海水冻得她身体发麻，雾气很大，海上白茫茫的一片，就连护送她的船几乎都看不见。时间一个钟头一个钟头地过去，成千上万的人都在电视上看着。有几次鲨鱼靠近了她，被人开枪吓跑。她仍然在坚持，一步步向胜利靠近。

对于费罗伦丝·查德威克来说，最大的难题不是疲劳，而是刺骨的水温，15个钟头过后，她感觉自己精疲力竭了，再游下去，自己一定会没命的，她决定不再坚持，叫人拉她上船。她的母亲和教练鼓励她再坚持一会儿，离海岸已经很近了，她很快就要成功了，千万不要放弃。但当她朝加州海岸望去，发现除了白茫茫的浓雾什么也看不见。

几十分钟之后——从她出发算起15个钟头零55分钟之后，人们把她拉上船。又过了一个钟头，她渐渐觉得暖和多了，此时她感到十分的懊恼，后悔地对记者说："如果当时我看见陆地，也许我能坚持下来。"人们把她拉上船的地点离加州海岸只有半英里！后来她说，令她半途而废的不是疲劳，也不是寒冷，而是因为她在浓雾中看不到目标。

其实，无论做什么事情，人都应该有自己的目标，有了目标就有了方向、目的和标准，就容易集中精力把事情干成，否则，没有目标，就可能稀里糊涂地干，不知道结果会如何，也不会有信心自己能够成功。从多元智能检测的角度来看，认知型、逆思型的孩子，与生俱来的目标感就比较强，我们需要注意的就是引导孩子正确的价值观。开放型和模仿型的孩子则更多地依赖后天的启发和教养，在孩子大脑发育的关键期及时引导，帮助孩子尽早建立目标。

同样，家长教育孩子也应该有目标，及时帮助孩子树立起良好的目标，如果能调动孩子的积极性，督促孩子按时完成目标，那么，孩子的未来一定是光明的。一些家长虽然明白目标的重要性，但是在给孩子建立目标时，往往会很盲目，或者好高骛远，脱离实际，让孩子因无法完成既定的目标而产生挫败感。

案例一：燕子的妈妈是一名体育教师，受先天遗传的影响，燕子在很小的时候就表现出很强的运动能力，妈妈希望燕子能和自己一样，将来在体育方面有所建树，所以，从小就非常注重燕子的体能锻炼。每天早晨，燕子都会和妈妈一起到学校的操场上晨跑，一跑就是一万米，在高强度的训练下，燕子的成绩提高得很快。

然而，就在最近的一次省级比赛中，燕子的肌腱出了问题，使她离开了跑道。医生说，这与燕子平时高强度的训练有着密切的关系，燕子这么小的年龄是无法承受如此高强度的训练的，听了医生的话，燕子的妈妈后悔不已，默默地说："我只希望燕子能像王军霞一样，成为东方神鹿。"

案例二：珺珺的妈妈看到和珺珺同龄的孩子都报了兴趣班，有学美术的，有学舞蹈的，有学钢琴的，也有学游泳的……珺珺的妈妈觉得自己的孩子也不能落在别人后面，就一口气给孩子报了四个兴趣班，她希望自己的孩子能得到全面的发展，将来成为一个全才。可整日在各个兴趣班间忙碌的珺珺却苦不堪言，学习效果每况愈下，就连学习成绩都下降了一大截，令珺珺的妈妈十分困惑，时常责备孩子说："我花那么多钱给你报班，结果你却学成了这个样子？"

在现实生活中，这两个案例是非常典型的，案例一中，燕子的妈妈急于求成，给孩子制定了过高的目标，脱离了实际，最终不仅目标不仅未能实现，还使燕子的身心受到了伤害；在案例二中，珺珺的妈妈是非常盲目的，她对于孩子的未来没有一个很好的规划，不清楚要把孩子培养成什么样的人才，只是看到别人的孩子都在报兴趣班，那么，我的孩子也不能落下，于是，就给孩子报了四个兴趣班，根本没有考虑孩子的实际情况，这种稀里糊涂蛮干的结果就是让孩子产生厌烦心理，不仅在兴趣班没有学到知识，连平时的文化课都受到了影响，得不偿失。所以，我在给家长做个案分析讲解报告的时候，经常会重复提醒，千万不要在孩子爱上学习之前，就厌恶了学习。

我和家长们沟通交流目标这个问题时，常常会说："没有目标的努力是没有实际价值的，没有目标的指引，孩子的潜能是无法释放的，而要让孩子的潜能得到最大限度的释放，就必须要有正确的目标。"那么，什么是正确的目标呢？先来看一下公式：

目标=目标高度×达到的可能性

在这个公式中，如果目标低了，实现目标就变得轻而易举了，孩子就不会感兴趣；目标若高了，实现的可能性就小了，孩子就会失去信心。所以，正确的目标不是最有价值的那个，而是最可能实现的那个，也就是你的孩子跳一跳能够得着的，既有一定的难度，通过一定的努力，又能实现，这样才能激发孩子的挑战欲望，使孩子的潜能得到有效释放。

比如，有的孩子先天颞叶很强大，具有很好的音乐敏感度，听过一遍的歌曲，就能随着音乐唱出来，这样的孩子只要进行有效地培训，就能在音乐上有所成就，这就是正确的目标、有效的目标。如果家长非要让孩子在体育方面有所造诣，而这恰恰是孩子的弱项，无论怎样努力，都很难实现目标，这就是错误的目标、无效的目标。

判断目标是否有效，应该具备五个条件：

一是要具体，目标必须具体，要达到怎样的目的，对此必须有一个清晰的认识；

二目标可以量化，比如有的家长给孩子定下的目标是考上一所好大学，这样的目标就是不可量化的，什么是"好大学"？这样的目标太模糊，操作性就比较差；

三目标是能够实现的，目标制定得不能太低，也不能太高，对孩子来说，要有一定的难度，又能通过努力实现；

四是注重效果，比如，让孩子参加跆拳道培训，其目标是增强体质，减少生病的次数，通过一段时间的训练，我们可以看看孩子的体质有没有得到改善，是不是生病的次数减少了，这就是目标效果。

五是时间期限，不管是怎样的目标，都有要时间限制，没有时间限制，那就不是有效的目标。

接下来，我再来说一说如何帮助孩子建立有效的目标。想要建立有效的目标，首先要建立在了解孩子的基础上，他的兴趣爱好是什么，最擅长什么，这一点并不是由家长决定的，而是应该充分考虑孩子的感受，尊重孩子的选择。这一点，对于认知型的孩子来说尤为重要。

其次，在设立目标时，你要和孩子一起商量，先来树立一个大的目标，就像一棵大树的树干，然后再给大树画上树枝，这些树枝就代表着小目标，只有实现了一个个的小目标，才能实现大的目标，最后给树枝上画上树叶，树叶代表的是即时的目标，就是现在马上要做的事情。

当然，你也可以按照时间顺序来制定目标，由现在到将来，或者将大目标细化成小目标，按照难易程度来逐个攻破，这样会让孩子越来越有信心，越来越有成就感，实现最终的大目标，就不会觉得那么遥不可及了。

有目标的孩子，才会有高度的动机，才会自动自发地学习，为达到目标所需的技能和知识，不断地去尝试、去努力，家长就不用整天督促孩子读书学习，家长和孩子就都不会感到那么辛苦了。

专注，激发潜能的必要条件

在太阳光底下，用一个放大镜就可以将散漫的阳光聚焦在某一点上，引燃一张小纸片；农村经常用到的太阳灶也是运用了聚焦的原理。生活中很多事实告诉我们，只要专注就会有奇迹发生。

我曾听人说，有一位优秀的钢琴调音师，可以不用耳朵去辨认音阶和音色，而是在拨动琴弦后，用他的鼻子去闻，闻上一会儿，就可以校音了。我起初认为这是不可能的事情，调音师都是靠耳朵来辨音的，怎么可能用鼻子来辨音呢？直到我看了《挑战不可能》，看到盲人调琴师以耳辨物，我才坚定地认为只要专注，人的潜能就可以最大限度地发挥，就能发生一些令人不可思议的事情。

　　陈燕被称为"声呐人"，她通过发出声音并判断"反射音"，来区分30个在不同位置错乱站立的小朋友和摆放的小模特，即便是在现场主持人和评委临时增加挑战的情况下，依然做到了分毫不差。在这场挑战中，给我留下深刻印象的是，每当遇到难以辨别的情况时，陈燕都要求音响师傅关掉音响，全场保持安静，就是为了让她能够更专注。

　　专注可以产生奇迹，也是激发孩子学习潜能的必要条件，专注的最高境界是痴迷，受到鼓励的、进行过训练的孩子，能使大脑进入到较深层次的智力快感状态，从而达到一种忘我境界，一旦养成了痴迷的习惯，孩子的智力就可以实现质的飞越。

　　但是培养孩子的专注力并非一件容易的事情，很多家长都反映孩子上课注意力不集中，容易走神，老师说什么，根本就听不进去。通常孩子注意力不集中的原因有几个方面，一个是身体原因，比如偏食，导致成长元素缺乏，还有就是缺乏运动，因为运动能使孩子的肌肉、神经和感官相互配合，统一协调。另一个是先天特质原因，右额叶比较活跃，构思凝想能力强，会被一个关键词一个动作带入另一个场景。

　　还有一个是心理原因，比如伙伴关系、师生关系、亲子关系等，其中亲子关系最为重要，父母的教养方式和养育态度直接影响孩子的专注力。先来看两个例子：

　　案例一：每天晚上，莎莎的爸爸都要忙碌到很晚，既要给莎莎辅导今天老师讲的功课，又要检查莎莎的作业。莎莎的爸爸说："我现在几乎成了女儿的老师，不管老师在课上讲什么，女儿都记不住，都要我重新给她讲一遍。"老师也经常向莎莎的父母反映，孩子上课都走神，专注力很差。

案例二：2岁半的涵涵喜欢上了积木，每天都要摆弄积木很长时间，有时连妈妈叫她的名字，她都没有反应。每当这时，妈妈就会非常生气，抱起涵涵，严肃地批评她，正在兴头上的涵涵被妈妈打断了，总是要哭闹好久。其实，涵涵的妈妈是非常关心孩子的成长的，每天学习什么东西，看什么样的书，玩什么样的游戏，都有严格的安排，可是涵涵似乎并不满意在她兴致高的时候，突然被打断，去做另外一件事情。

这两个例子有一个共同点，那就是孩子的专注力很差，而导致孩子专注力差的原因，都是因为父母的教养方式出了问题。在案例一中，莎莎有着严重的依赖心理，爸爸晚上会帮助她温习功课，会给她检查作业，那么，她在上课的时候当然会不注意听讲了，反正回到家有人再教一遍的。

在案例二中，涵涵原本是一个专注力很强的孩子，她可以摆弄很长时间的积木，将专注力都放在积木上，对于妈妈的呼唤都可以"置之不理"，可是妈妈总是在涵涵专注地做自己的事情时打断她，这对于孩子专注力的培养是非常不利的。

专注是孩子需要从小培养的一种品质，它是一个人能高度集中于某一件事情的能力，是一项非常重要的心理素质。正所谓："书痴者文必工，艺痴者技必良"，所以，每位家长都应该有意识地培养孩子的专注力，大家可以尝试下面的一些方法，对于提高孩子的专注力非常有帮助。

在尊重孩子生理特点的基础上，合理安排孩子写作业和活动的时间。

判断孩子的专心程度，要充分考虑孩子的年龄，不能以成人的标准来要求孩子，有一位家长就曾向我抱怨说，他儿子已经4岁了，连半个小时都坐不住，给他讲故事，他总是摸摸这，弄弄那。一个4岁的孩子难道你希望他能像我们成人一样，一坐就是两个小时吗？如果真是这样，恐怕这孩子的脑袋就有问题了。

通常2岁孩子的平均注意力集中时间长度约为7分钟，3岁约为9分钟，4岁约12分钟，5岁约为14分钟。对于低年级的小学生来说，他们的专注力一般不会超过15分钟，超过15分钟就会走神；三四年级的小学生为20分钟，五六年级的小学生则为半个小时。

了解了孩子的生理特点之后，要充分考虑孩子的特点，合理地安排孩子写作业和活动的时间，如果作业多，中间应适当地让孩子休息一下。另外，培养孩子的专注力应从2岁开始，这是培养宝宝学习能力的关键期，尽早地培养孩子的专注力，有利于孩子将来进行自主学习。

营造能够集中注意力的环境。

孩子在学习的时候，要把书桌上与学习无关的东西都拿走，营造一个集中注意力的环境。现实中我们却经常看到，有些孩子在写作业时，书桌上不仅摆放着课本、笔、本子，还有一大堆的零食，甚至是玩具。一些父母还担心孩子会累着，冲一杯牛奶放在书桌上，让孩子记得喝。别说是孩子，就是成人，眼前摆着这么多眼花缭乱的东西，注意力都很难集中。

不仅是学习，孩子的玩具、课外书也不要太多，多了，孩子就不知所措了，每次拿出的玩具不要超过三种，玩完这些玩具，放回原处后再拿别的玩具。读课外书亦如此，如果孩子不想读这本了，你可以让孩子给你讲一讲这本书的内容，看看孩子是不是认真读了。

不要干扰、难为孩子。

有些家长有陪读的习惯，孩子做作业时，家长就坐在一旁观看，一旦发现孩子做错了，立马指出来，将孩子的思路打断。你可以让孩子做完全部的作业，让他自己检查一遍之后再指出来，这样孩子的印象也会更加深刻，如果因为孩子做错了，你再训斥他一顿，他就更没有心情做下面的功课了。

那什么是不要难为孩子呢？比如某天作业不多，孩子早早地完成了，父母就会有些"不甘心"，非要给孩子加餐才行，给孩子额外安排一些作业，这样一来，孩子就会产生逆反心理，下次再做作业的时候，就会故意拖延时间，走神溜号，因为反正早做完了，爸爸妈妈还会安排新的作业。

通过游戏来培养孩子的专注力。

游戏是培养孩子专注力的一个很好的渠道，比如在规定的时间内让孩子看一张照片，然后让他说一说照片里都有什么，问得越仔细越好。这对于培养孩子的视觉注意力是非常有帮助的。

孩子都喜欢听故事，家长不妨好好地利用故事，在讲故事之前先设置一些问题，让孩子在故事中寻找答案，这样就能鼓励孩子认真听故事了，这是听觉注意力训练。

有关动作注意力训练的游戏就更多了，比如孩子们经常做的"请你跟我这样做"这个游戏，大家围成一个圈，前一个人做什么样的动作，紧挨着他的人就学着这个动作做，第三个人学第二个人的动作……

当然，你也可以进行混合型注意力训练，你与孩子对面而站，要求孩子做出和你相反的动作，在做动作的同时配上语音，比如伸出你的左手，那么，孩子就要伸出右手，这个游戏涉及听觉、视觉，以及动作注意力训练。

最后，提醒家长朋友们，训练孩子的专注力时，要把兴趣和专注力的培养结合起来，这样才能取得事半功倍的效果。

发散思维，创造力的核心

几乎每一位家长都非常在意孩子的学习成绩，毕竟这个社会有很多避不开的"功利"，不少父母会出于自己的面子，逼迫孩子努力学习，报各种各样的兴趣班。我本人对这些是非常反感的，孩子每天在学校里"圈着"，学习了一天，大脑已经够累了，课外再给孩子安排太多的任务，不仅不会让孩子变得越来越聪明，反而会让孩子的反应越来越迟钝，因为你扼杀了他发散思维的能力。

发散思维主要集中在人的十大脑区的右额叶，掌管的是空间心像和构思凝想的能力，也掌管八大智能之一的空间智能。是创造性思维的重要组成部分，也称为辐射思维、球形思维、求异思维。发散，顾名思义就是向四面八方展开、扩大、分散。发散思维就是通过想象，让思想自由驰骋，通过对信息的分析和组合，得出两个或更多个可能的答案、设想或者方案。试想一下，长期让孩子处于一个比较封闭的学习环境，给他安排永远也做不完的功课，他哪里有时间思考？孩子原本的创造性，也在日复一日的繁重学习压力下慢慢地消失殆尽了。

学习成绩只是反应孩子能力的一个方面，它不代表全部，不一定学习成绩不好，将来就没有出息。

　　李卜曼是美国佛罗里达州的一名穷画家，因画画水平不高，所赚的钱仅仅能够糊口。他做事没有条理，画室里十分零乱，常常是画着画着就心猿意马，想别的事情去了。

　　有一天，李卜曼正在专心绘画，因产生一点灵感而兴奋不已。就在这时，他不小心画错了一笔，却找不到橡皮擦，费了九牛二虎之力找到橡皮之后，刚才还拿在手中的铅笔又不见了，这使他十分地恼火。

　　为了克服健忘的毛病，李卜曼用丝线将橡皮系在铅笔的尾端，可是用了一会儿，丝线就断了，这使他非常气愤。这样断了几次之后，他心想如果换做铁皮，你一定就无法挣断了，于是他找到一片薄铁片，把橡皮和铅笔缠绕在一起。这个方法果然奏效，直到橡皮用完也没有从铅笔上掉下来。

　　李卜曼十分高兴，心想，说不定这个小东西能帮我赚上一笔钱。抱着侥幸的心理。他借钱办理了专利手续。这一发明不久被一铅笔公司知道了，并花了55万美元购买了这项专利。他因此由一穷画家变成了大富翁。

　　发散思维是一种开放性的思维，就像一束光源向西面八方发射一样，思考者可以从不同方向、不同的方面去思考，从而得出与众不同的答案。李卜曼不是一个成功的画家，但是因为他的思维比较活跃，一件不起眼的小事却让他成了大富翁，可见发散思维对一个人的创造力是多么的重要，发散思维是创造性思维最主要的特点，也是测定创造力的主要标志之一。

　　每位家长都希望自己的孩子聪明伶俐，除了先天性的遗传因素外，后天的培养也是非常重要的，儿童心理学家发现，具备发散性思维的孩子专注力更持久，更聪明，解决问题的能力更强。心理学研究发现，孩子的思维方式在1岁左右基本确立，3岁以内完成，12岁以内可以通过弥补教育改善。也就是说，孩子的发散性思维方式从出生的时候就已经产生了。

如果家长能够从孩子一出生就有意识地培养孩子的发散思维，其效果会加倍。遗憾的是，我们看到的是家长不仅没有帮助孩子培养发散思维，反倒使孩子的思维越来越僵化。有一位年轻的妈妈曾这样抱怨自己的孩子："我家孩子脑袋里不知道装的是什么，整天的天马行空，有一天，他画了一幅画让我看，就是简单的几条线，五颜六色的，他却告诉我这是从彩虹上飘下来的彩色雨，真会胡思乱想。"

我们成人总是习惯利用自己的经验来评判孩子的内心世界，其实，孩子的世界你真的不懂，在他们心中原本美好的彩色雨，却因为成人固化了的思维，被说成胡思乱想，这就是在扼杀孩子的发散思维，扼杀他的创造性，所以，请你不要轻易地否定孩子，只要他能说得通，就是正确的、合理的，没有对错之分。

接下来，我来说一说如何训练孩子的发散思维，大家可以从以下几点入手，有意识地提高孩子的发散思维，提高他的创造能力。

利用生活中的琐碎事件进行引导。

生活是孩子们最好的教材，跳动着快乐的音符，训练孩子的发散思维一定要利用好这本活教材，随时随地地进行发散思维的引导。只要用心，你会发现孩子任何调皮捣蛋的行为都可以附上有意义的教育。

比如，我们在做饭时，孩子常常会到厨房捣蛋，你就可以把他的这些捣蛋稍加引导，用择菜的叶子摆出漂亮的图形或者小动物的样子，让孩子充分发挥他的想象力。如果他摆弄洗菜盆，你可以问他："宝贝，这个盆子是用来做什么的呀？"他可能会说："洗菜用的。"这时你要继续发问，"还能做什么呢？"让孩子开动小脑筋，思考各种各样的可能。

需要注意的是，只有父母精心设计提问的方式才能激发孩子的发散性思维，有些家长总喜欢问孩子"为什么"，我认为这是不好的，孩子往往不能对于自己的答案给予合理的解释，家长的这种问话方式会让孩子误以为自己的答案是错误的，那么，下一次他就恐惧回答了。不妨多采用开放式的提问，这样可以让孩子的大脑快速地转动起来，思维更加活跃。

淡化标准答案，鼓励孩子进行发散思维。

受应试教育的影响，家长与孩子都唯书是从，认为只要书本上说的、老师教的就是对的，否则就是错误的，这对于孩子的发散思维训练非常不利。作为家长，应该鼓励孩子与老师、教材有不同的见解，有自己独到的看法。

打破常规、定势思维对孩子的影响。

法国生物学家贝尔纳说过："妨碍学习的最大障碍，并不是未知的东西，而是已知的东西。"无论是成人还是孩子，我们常常会受到定势思维的影响，用已知的一些经验来对事物做出判断，这就容易使我们墨守成规、故步自封。

比如有这样一道智力测验题：在什么情况下2大于5？按照常规的思维方式是很难想出答案的，让很多大人都颇感头疼，而一位幼儿园的小朋友却不假思索地回答："剪刀大于布"。

孩子的生活、社会经验少，他们做事、思考问题的一些方式，反倒常常会令成年人耳目一新，比如成年人都习惯竖着切开苹果，但小朋友不同，他就可能横着切开，这样我们就能看到一个漂亮的星星了。成年人应该意识到自己思维上的一些弱势，不要把自己的思维方式强加给孩子，这对孩子发散思维的训练与培养是非常不利的。

鼓励孩子去质疑，大胆提问。

很多家长喜欢自己的孩子很乖，上课认认真真地听讲，回家规规矩矩地温习功课，我认为这么"乖"的孩子，将来一定不会有大出息，为什么呢？因为这样的孩子创新能力较差，他们总是一板一眼地去完成别人安排的"任务"，墨守成规。

纵观中外历史，只有那些敢于质疑，敢于大胆向权威提出挑战的人，才能成就一番伟业，比如我们熟悉的意大利物理学家伽利略，他从小心中就充满了各种各样的疑问，他总是问父亲这样那样的问题，因为敢于质疑，敢于挑战权威，才有了比萨斜塔实验，推翻了亚里士多德错误的物理理论。

所以，我们应该鼓励孩子去质疑，大胆地提问，家长要有足够的耐心，千万不要因为孩子问不完的问题而训斥他，保护好他的好奇心，积极鼓励他去质疑，说不定他就是下一个"伽利略"呢？

和孩子一起学独立思考

所有的爱都是以拉近两个人的距离为目的，唯有父母对孩子的爱是以分开为最终目的的。父母对孩子辛勤地付出，就是希望孩子有一天能够独立，靠自己的能力养活自己，适应社会生活。所以，从孩子出生开始，我们就应该意识到，孩子不是我们的附庸，他和我们一样是独立的个体，我们培养孩子是以让他能够独立为最终目的的。

　　培养孩子的独立性贯穿于生活的方方面面，但我认为最重要的是培养孩子独立思考的能力，只有具备了独立思考的能力，孩子才能称得上真正的独立。

　　壮壮是初中一年级的学生，学习成绩不错，而且学习的自主性很强，从来不用父母操心，回到家里，壮壮也会在爸爸妈妈的要求下，乖乖地做家务。可同学们都嘲笑他是"胆小鬼"，因为他无论遇到什么样的问题，都会第一时间打电话问妈妈。

　　一次，他与同学发生了点小摩擦，老师认为两个人只是有一些误会，沟通一下，把误会解开了就没事了。壮壮却不知所措，赶紧打电话问妈妈："我该怎么做？"

　　学校要举行象棋比赛，壮壮很喜欢下棋，平时也经常和父亲下象棋，棋艺还算不错，可是他却不知道是否该报名参赛，打电话问爸爸："爸爸，你说我该报名吗？"

　　看过壮壮的故事，让我不由得想起了《小马过河》的故事，壮壮就像是那匹不知所措的小马，因为平时很多事情都是由父母替他做决定，所以，在遇到事情时，才会不知道怎么办才好。这样的孩子虽然学习成绩很好，但我认为算不上是一个真正独立的人，因为他没有一个独立思考的大脑。

　　现实生活中，有的父母把一切事情都为孩子办得妥妥帖帖，从没有想过什么事情需要孩子自己去考虑、去想办法解决，当孩子对于这种照顾习以为常时，再遇到困难，就会不假思索地把问题抛给父母，让他们想办法来解决，所以，才有了当下的啃老族，他们不光是经济上不独立，更重要的是缺乏独立思考问题的能力。

　　在当下的"信息时代""知识爆炸"时代，对每个人的思考能力都是一种不小的挑战，凡是愈有思考能力的孩子，求知欲望就愈强，终身学习的能力就愈强，创造力也会愈强。然而，独立思考能力却是当下中国孩子最缺少的。

有这样一则故事：在一所国际学校里，老师给各国的学生出了一道题："有谁思考过世界上其他国家粮食紧缺的问题吗？"学生都说"不知道"。非洲学生不知道什么叫"粮食"；欧洲学生不知道什么叫"紧缺"；美国学生不知道什么叫"其他国家"；中国学生不知道什么叫"思考"。

独立思考的缺失真的是一件很可怕的事情，因为思考是指引人们行动的坐标，没有正确的思考，就不会有正确的行动，一个孩子能否成才，关键在于他有没有独立思考的能力，纵观世界上那些有过杰出贡献的人，他们都有一个共同的优点，那就是善于思考。

比尔·盖茨能成为世界首富，也与他不停地思考习惯密切相关，小的时候他经常躲在卧室里，半天不出门，就连吃饭，母亲都要叫他好几次，他才肯出来，当母亲问他在干什么时，他总是回答："我在思考。"有时他还会责问家人："难道你们从来不思考吗？"

直到现在，微软公司还流传着这样一种说法："和大多数人谈话就像从喷泉中饮水，而和盖茨谈话却像从救火的水龙头中饮水，让人根本应付不过来，他会提出无穷无尽的问题。"比尔·盖茨的大脑似乎每时每刻都在高速地运转，不停地思考。

叔本华曾经说过，只有我们学会了独立自主的思考，才真正具有真理和生命。纯粹靠读书学来的真理，与我们的关系，就像假肢、假牙、蜡鼻子甚或人工植皮；而由独立思考获得的真理就如我们天生的四肢，只有它们才属于我们。

现在很多家长已经意识到培养孩子独立思考能力的重要性，可是，对于如何培养孩子独立思考能力的方法，却知之甚少，下面我们就来探讨一下这个问题。

首先，不要剥夺孩子独立思考的权力。

小雪正在做数学作业，看到有一道题目不会做，不假思索地大喊道："爸爸，快过来，这道题目我不会做。"爸爸看了一下题目，然后告诉孩子如何解答，很快，小雪就做完作业，高兴地跑去与小伙伴玩去了。

这样的事情几乎每天都在发生，有不会的问题找爸爸也成了小雪的习惯，小雪的爸爸也发现有些题目以前给孩子讲过，可是第二天遇到类似的题目还是不会，小雪的爸爸觉得女儿根本就没有认真思考过。

很多孩子就是在父母的呵护与惰性中逐渐失去思考能力的，这样的孩子长大后，没有创新精神，只会人云亦云，很难有多大的作为。所以，父母要从小有意识地培养孩子独立思考的能力，从生活中的小事情做起，孩子能做的事情就让他自己去完成；孩子需要做决定时，父母要充分听取孩子的意见；孩子学习上遇到了困难，不是直接告诉他问题的答案，而是引导他，让他自己去寻找答案……

成长是孩子自己的事情，父母代替不了，一时地代替不仅不是帮孩子，还是在害孩子。

其次，给孩子充分的时间去思考。

富兰克林说过："读书是易事，思考是难事；但两者缺一，便全无用处。"现在的孩子为什么不会思考，我认为与他们的课程安排得满满当当，没有时间思考，是有一定关系的。

很多父母都会在孩子完成学校的作业之后，给孩子加餐，或者报名参加各种培训班，使得孩子根本没有时间去思考。爱因斯坦说过："负担过重必然导致肤浅。"

有这样一个有趣的故事：一天深夜，著名物理学家卢瑟福走进了实验室，看见一个学生在做实验。卢瑟福略微迟疑了一下，便过去问那个学生："这么晚了，你还在做什么？"学生回答说："我在工作。""那你白天干什么呢？""也在工作啊！""早晨你也在工作吗？""是的，教授，我从早到晚都没有离开实验室。"学生本以为会得到老师的夸奖，没想到，卢瑟福却反问了一句："那么这样一来，你用什么时间来思考？"

思考使人进步，没有思考的学习，如同机器人一般，做的只是些简单、重复、机械性的工作。

第三，让孩子多动手，孩子才会多动脑。

不少家长都非常注重孩子的智力，给孩子买很多开发智力的书籍，每天陪着孩子一起看，一些学习。我觉得这样做的效果不会太大，因为孩子动手少，孩子只有亲自动手，才能发现问题，才会思考如何去解决问题，每天端着一本书看，不付诸实践，岂能获得真知？

父母应该让孩子做些力所能及的事情，这些事情看似与思考毫无关系，实则正是孩子积极思考的开始，当然，你还可以给孩子购买一些剪纸、折纸的图书，让孩子亲自动手做一做，都能引发他的思考，让孩子在游戏中体会到思考的乐趣。

授之以鱼，莫若授之以渔。我们告诉孩子方法，教他们如何去做，他们只学会了模仿，而不是解决问题的办法，所以，聪明的父母会引导孩子自己去寻找答案，从而获得人生中最有价值的本钱——思考。

书籍是智慧的源泉

我喜欢这样一句话：读书比喝牛奶更重要，如果我们在乎给孩子吃什么喝什么可以使身体强健，头脑聪明，那么，书是喂养孩子头脑和心灵的食物。莎士比亚曾经说过，生活里没有书籍，就好像没有阳光；智慧里没有书籍，就好像鸟儿没有翅膀。

作为父母，大家都期望孩子从小爱上阅读，博览群书，丰富他的大脑，但是要让孩子爱上阅读可不是一件容易的事情，有些家庭甚至为此给孩子专门准备了一个书房，给他提供一个安静的阅读环境，可效果并不明显。

在这个科技高度发展的时代，爱阅读的孩子越来越少，痴迷电子游戏的孩子则越来越多。孩子喜欢电子游戏，是因为电子游戏中有吸引他们的东西，能使他们感兴趣。如果你希望孩子爱上阅读，首先就要让他对书感兴趣。

兴趣的培养不是一朝一夕的事情，要从小培养。因为从事教育工作的原因，我常常会接触到一些家长和孩子，我发现那些爱读书的孩子，往往是很小的时候就开始接触图书了，也就是说，孩子阅读的时间越早，越有利于孩子爱上阅读。

当一些孩子喜欢上阅读之后，就会把阅读当成每天必不可少的一项活动，不用家长督促，他们就会自己读书，而且这些孩子大多不迷恋电子游戏与网络，因为在他们看来，阅读才是最有趣的事，比玩电子游戏有趣得多。相反，那些没有开始早期阅读的孩子，更容易被电子游戏吸引，深陷在网络中不可自拔。

我认识一个小男孩，刚上小学二年级，就戴上了厚厚的眼镜，他妈妈告诉我，孩子小时候在爷爷奶奶家长大，爷爷奶奶对孩子非常溺爱，要什么给什么。为了哄孩子开心，在孩子5岁的时候，爷爷就给他买了一台电脑，从此孩子就痴迷上了电脑游戏，爷爷还以孙子能够熟练地使用电脑为自豪。直到快上小学了，孩子才被接到父母身边，父母很重视孩子的教育，给他买了很多书籍，可孩子连翻都不翻一下，整天吵着闹着打游戏，视力也是一降再降。

那么，什么时候开始早期阅读合适呢？这是家长们最为关心的问题，早期阅读应该从孩子一出生就开始，每天坚持给他读一点书，不要以为他们听不懂，就没有意义，妈妈的读书声对宝宝来说是最动听的音乐，会让他在耳濡目染中逐渐爱上阅读。

尽早进行早期阅读是培养孩子读书习惯、爱上读书的第一步，接下来，我们还需要给孩子选择合适的图书，图书选择得不合适，也会影响孩子的阅读兴趣，要知道不同年龄段的孩子对图书内容的需求是不同的。

对于两三个月的宝宝，妈妈们只要给他读就可以了，一些童谣、简短的故事，都能让孩子感到身心愉悦，坚持每天读上5分钟即可。

四五个月的宝宝视力还没有发育成熟，你应该给他选择图像大、色彩简单、黑白对此强烈的图书，这些图书往往能引起他的兴趣，看到这些美丽的图片，他或许会高兴得手舞足蹈。

等孩子到了6个月以后，他的活动能力大大增强了，小手也可以拿一些东西，你可以给他购买一些不同材质的触摸书，里面不仅有漂亮的图片，还能让他的小手感知到不同的材质，在促进孩子视觉发展的同时，又增加了他的触觉体验，进一步增加他的阅读兴趣。

此时正是孩子长牙的时候，常常会啃咬身边的物品，还喜欢撕纸片，所以最好给孩子购买一些翻翻书，宝宝的啃咬和撕都不会对书造成伤害。

1岁以后，适合给孩子选择有韵律感的图书，比如儿歌、童谣，读起来朗朗上口，便于孩子记忆与朗诵。

孩子两岁以后，适合选择图画书与绘本，简单的几个字加上精致的画面，就可以帮助孩子理解书中的内容，还有利于孩子发挥想象力，与孩子一起看书时，可以让宝宝看图来构思内容，不管他说的是否有条理，只要孩子开口了，就应该给予鼓励，当孩子看得多了，说得多了，自然就会有条理、有逻辑性了。

孩子再大一些，就应该结合孩子的兴趣选择图书，在这一点上，很多家长都忽视了，他们总是习惯用自己的眼光、评价标准来判断一本书是否合适孩子，他们会考虑这本书是否对孩子的成长有用，很少考虑孩子的感受。

有一次，我去图书馆看书，看到一位妈妈与儿子因为买书的问题发生了争吵，孩子想买一本科幻图书，可是妈妈却要给孩子选一本名著，并对孩子说："你看了科幻图书会变傻，什么恐龙、外星人都是哄小孩的，世界上根本就没有这些东西。"最终孩子含着眼泪接过了妈妈手里的书。

可想而知，这个孩子回家之后，他会认真读妈妈给他选的图书吗？在孩子的眼里，奇形怪状的昆虫、凶猛奇特的外星人、硕大无比的恐龙，要比诗集、古诗、名著有趣得多。所以，在购买图书时，不妨听听孩子的建议，适当满足孩子的要求，只要让他感兴趣的东西，他才会认真读。

我女儿4岁的时候，每天都会问很多很多的为什么？比如，人为什么要吃饭？饭吃进嘴巴里去了哪里？小兔子为什么会长毛，人却不长等等，结合孩子的这个特点，我为她购买了一套《十万个为什么》，包括人体知识、植物动物、海洋世界，等等，这些内容都是孩子感兴趣的，而且与生活十分贴近，非常有生活气息，所以，很受孩子的欢迎，直到现在她还保存在书柜中，时不时地拿出来翻一下。这个阅读的好习惯也保持了下来，休息时间，她一定会去书城选上几本好书。

最后，我想提醒家长朋友们，如果你要培养孩子的阅读习惯，那么，首先你自己要爱上阅读，有些家庭除了孩子的图书之外，找不到一本可供大人看的图书，可见父母并不看书，那么，你怎么要求孩子每天读一定量的书呢？

我去过一个朋友家里，朋友和她老公都是大学教授，家里到处都是书，随处可见，光她女儿的图书就摆满了整整一个大书架。试想一下，如果你的家里有这么多书，恐怕你的孩子想不看书都难，因为走到哪里都是书，在这样的环境里，宝宝就会更早地对读书产生兴趣。

不容忽视的"父教"

我曾看过一项调查，据说在中国的家庭教育中，以母亲为主的占到了50%，以父亲为主的占20%，平分秋色的占30%。在不少的家庭里，父亲对孩子的教育都很少过问，有一位父亲曾经这样说：

"男人是家庭的经济支柱，职责就是负责养家糊口，女人相夫教子是天经地义的事情。"

这位父亲很有代表性，说出了很多中国男人的心声。很多中国男人都不会教育孩子，他们也不会花太多的时间思考如何去教育孩子，因为他们总觉得这是老婆该做的事情，可是，他们却不知在一个健康的家庭中，对于孩子来说，父亲与母亲都是缺一不可的，缺失任何一方都会影响孩子的健康成长。我们先来看两个真实的案例：

案例一：童女士的女儿今年7岁了，在孩子5岁的那年，孩子的爸爸被派到国外工作，一去就是三年。童女士开始并没觉得爸爸不在身边会对孩子造成什么影响。有一次，家里的电冰箱坏了，童女士找了一位修电冰箱的师傅到家里来。

一向不愿意与陌生人说话的女儿这次却与修电冰箱的师傅聊得热火朝天的，还要求人家抱抱她、亲亲她。待维修师傅走后，童女士问女儿为什么跟会跟叔叔走得这么亲近？女儿竟然托着下巴一本正经地说："我觉得他好像我爸爸。"此时，童女士才意识到女儿原来如此缺少父爱。

案例二：娇娇出生不久，她的爸爸妈妈就离婚了，之后，她一直与妈妈生活在一起，对"父亲"这一词没有什么概念，从小生活在没有父爱的环境中，使得娇娇变得胆小脆弱，性格内向，上幼儿园很长时间才适应，上课的时候从来不敢发言，总是低着头，老师叫她回答问题，她的声音小得除了她自己谁都听不见，一紧张还会尿裤子。

一天，老师为了鼓励娇娇，奖励了她一块糖，她很高兴，把糖含在嘴里，一不小心糖掉在了地上，娇娇想捡起来继续吃，一位娇娇熟悉的男家长看见了，就对娇娇说："不能吃了，糖已经脏了。"没想到别人好心阻止的行为，却令娇娇十分恐惧，吓得大哭起来，无论那位叔叔怎么哄她，她都不停地躲在妈妈的身后大哭不止，肩膀不停地颤抖。

看过这两个案例后，爸爸们，你们还觉得家庭教育与你无关吗？教育孩子是妈妈的事情吗？孩子现在受到的母性教育已经够多了，在婴儿时多是由母亲照顾；上幼儿园了，全是女教师，现在在幼儿园里能找到一位男老师，简直可以称为"国宝"了；小学、中学阶段基本上也是女老师教育为主。如果在家庭教育中，父亲这一角色再缺失，就会对孩子的性格、情感、意志、思维方式等造成一定的影响，容易出现多愁善感、性格懦弱、胆小怕事以及性格孤僻、自卑等特点。

以上我们讲的都是父亲在家庭教育中的缺失，会给孩子带来怎样的影响，接下来我们来说一说父亲在家庭教育中有哪些与众不同的地方，对孩子的成长有哪些积极的影响。

首先，父亲带大的孩子智商高。

不少教育学家主张家庭教育中必须强化男性的教育，在家庭教育中父母各有优势，母亲温柔、细致、体贴、耐心，和父亲的豁达、豪爽，在教育孩子方面必须做到阴阳平衡。

据美国耶鲁大学的科学家做的一项研究成果表明：由男性带大的孩子智商高，他们在学校里的成绩往往更好，将来走向社会也更容易成功。这项调查是他们持续了12年，从婴儿到十几岁的孩子，各个年龄段进行跟踪调查，所得出的结果。

无独有偶，英国纽卡斯尔大学丹尼尔·尼特里博士也做过这类调查。他调查了11000多名出生于1958年的英国人，询问父亲在他们成长过程中的参与程度。结果发现，那些经常与父亲在一起的孩子拥有更高的智商，在社会中也更有发展前景，而这种影响甚至能持续到孩子42岁。

我认为这样的结论有一定的科学依据，母亲往往更关注孩子的生活细节，如是否吃饱穿暖，在学校是否过得开心，而父亲往往关注的都是一些重大问题，比如孩子该培养怎样的品质，该考什么样的学校等，也就是说孩子在生活的关键时期，遇到重大问题时，常常更依赖父亲，父亲对孩子的影响是深远的。

当然，这并不是否认母亲教育的不重要，因为性别角色的不同，父母在教育孩子的方式上和影响上自然也是有差异的。在教育孩子的问题上，父母都应该承担起自己的那份责任，在孩子小的时候，母亲应该多付出一些，因为此时孩子需要细心照顾。等孩子长大了，父亲就应该多关注孩子，了解孩子的心理变化，给孩子提出有效的建议，因为此时对孩子事无巨细的关注，往往会招致他们的反感。

其次，父亲在孩子性别角色发展中起着重要的作用。

在孩子性别角色发展中，父母都起着一定的作用，但相比之下，父亲的作用会更大一些，尤其是对男孩的影响。我们经常发现生活中有些男孩有些娘娘腔，说话做事都谨小慎微，特别像女孩子，这与婴幼儿期父亲角色的缺失有很大关系。

研究发现，男孩在4岁前失去父亲，会使他们缺乏攻击性，在性别角色中倾向女性化；如果女孩在5岁前失去父亲，那么，她在青春期与男孩交往时就会表现出焦虑不安、羞怯或者不知所措。

第三，父亲有利于孩子形成积极的个性品质。

母亲往往具有温柔、体贴、善良等优点，这些优点孩子当然需要，但是男性具有的良好品质也是必不可少的，如独立、自主、坚强、果断、自信等。如果孩子在5岁前失去父亲，对他的个性发展会非常不利。孩子的年龄越小，影响越大。

我认识一位母亲，她的爱人在孩子3岁的时候出了车祸，离开了他们娘俩。随着孩子年龄的增长，这位母亲发现她的儿子越来越文静，从来不和别的男孩子一起出去玩耍，时常宅在家里，玩电脑游戏，而且还有一个非常不好的毛病，那就是喜欢哭鼻子，被老师批评几句，他就要哭鼻子，班上的男孩子都嘲笑他，不愿意与他玩，都叫他"娘娘腔"。

导致这个男孩子有这样性格的根本原因就在于父爱的缺失，从小在母亲的呵护下长大，没有父亲的陪伴，他的很多性格特点都是从妈妈那里继承的，所以会表现得像小女生一样害羞、胆小、爱哭。

亲爱的爸爸们，忙碌了一天，一定很辛苦，在外面打拼固然重要，但千万不要忘记家里还有一个小宝贝在眼巴巴地等着你，哪怕是给他一个拥抱，陪他聊一会儿天，做一会儿游戏，都会对他的成长带来莫大的帮助。家庭需要你，孩子更需要你，请不要忽视了孩子对你的需求。爱，是离不开陪伴的！

第四章
做个懂 "爱" 的父母

父母是孩子心灵成长的守护者

2015年6月份的一则新闻，深深触动了我。贵州毕节发生一起4名留守儿童服食农药自杀身亡的事件，年龄最大的13岁，最小的只有5岁。他们的父母常年在外打工，孩子们在家里长期没有人照顾，饥一顿饱一顿，连基本的生活都无法保证。从最大的孩子张启刚留下的一份简单的遗书中，我们可以感受他们生活得多么的艰难，"谢谢你们的好意，我知道你们对我的好，但是我该走了。我曾经发誓活不过15岁，死亡是我多年的梦想，今天清零了！"

这虽然是个极端案例，但留守儿童的心理健康问题着实令人担忧。相比于农村，城市里的孩子似乎要好一些，不过，父母不经常在孩子身边的情况并不少见，如今生存压力大，女人和男人一样要外出打拼，承担家庭责任，把孩子托付给家里的老人，由孩子的爷爷奶奶、姥姥爷爷照顾，是很多年轻父母迫不得已的选择。可是他们却不知道，在孩子年幼的时候，如果缺少父母的陪伴，爱与温暖，正常的生命潜能就有可能无法被激活。

我认识一位妈妈，孩子出生后，休完三个月的产假，就硬生生地给孩子断了奶，将孩子交给婆婆带。因为婆婆生活在乡下，交通不是很方便，她自己的工作又忙，所以，常常是几个月甚至半年才去看一下孩子，每次和孩子相处的时间也很短，来去匆匆。

婆婆性格内向，不爱说话，也很少带孩子去外面玩，常常将孩子交给电视，自己在一旁做家务，而且婆婆有洁癖，为了防止孩子将房间弄脏，她会要求孩子在指定的房间里玩耍。

　　直到孩子3岁，到了上幼儿园的年纪，这位妈妈才把孩子接到身边。这时妈妈才发现，孩子显得很胆小，也不说话，一个问题有时候她一连问上十几遍，都得不到孩子的回应。刚开始，孩子的妈妈还觉得这是因为孩子忽然换了一个陌生的环境，有点不适应造成的，但过了很久，这种情况仍然没有改善，孩子的妈妈觉得问题有点严重，就带孩子去医院看心理医生，结果孩子被诊断是患了"自闭症"。

　　为了孩子，这位妈妈不得不辞职在家，全心照顾孩子，花费了近两年的时间，孩子的情况才有所好转。不过，这位妈妈总觉得这个孩子不像其他孩子一样，会在妈妈的怀里撒娇、说悄悄话，孩子与她之间似乎总有一层隔膜，很难消失。

　　如今，患上自闭症、多动症等神经官能症的孩子越来越多，而这往往与孩子的成长经历有关，跟绝大多数孩子在幼年早期与母亲有较长时间的分离，由老人或保姆带大有关。

　　在孩子4岁之前，母亲在孩子的生活中是不可或缺的角色，几乎奠定了孩子一生发展的基础。然而，当代很多母亲，尤其是一些事业心强的女性，由于过分看重事业，突出个人价值，且严重低估了母子相处的重要意义，做出了为了实现眼前的现实利益，放弃作为母亲义务的决定，那么，这样的孩子与留守儿童又有怎样的区别呢？

　　故事中的这位妈妈因为早期与孩子相处不足，致使彼此间的情感联结比较稀疏，而这种联结是分特定时间段的，错过了就很难再建立新的联结，虽然这位妈妈在发现孩子有自闭症之后，尽可能地去弥补孩子，但是有些东西却是无法弥补的，孩子对她的依赖、亲近感远远比不上那些从小生活在母亲身边的孩子。

　　前苏联教育家苏霍姆林斯基曾说过："母爱不应建立在抽象

的理性认识上，应建立在情感基础之上。"对于父母来说，任何科学的教育方法都比不上陪伴在孩子身边更重要，一切出于功利的或"教育"的目标牺牲和孩子相处的行为都是得不偿失的。

有人说，母爱给孩子安全感，父爱给孩子方向感。以上我讲了母亲对孩子成长、心理健康的重要性，接下来，我来说一说父亲对孩子心理健康的积极意义。

众所周知，相比于母亲，父亲往往是粗线条的，很多人认为父亲不会照顾孩子，照顾孩子的责任更多的应该是由母亲承担，其实不然。

不知道大家是否有这样的感触，如果男孩子与妈妈在一起，参加的主要是做游戏、剪纸、做手工等比较安静的活动。如果和爸爸在一起，则多是一些运动，到外面跑跑步、踢踢球等，即便在家里，两个人也往往是你追我打，一会儿滚到沙发上，一会儿滚到地上。

父与子在打闹中所进行的身体接触就是父子之间进行的一种深层次的沟通，这种沟通与母亲的喃喃私语完全不同，这种沟通让男孩知道他要成长为像父亲那样的男人，以父亲为榜样，在粗犷的父爱中，让男孩找到方向感。

当然，父亲对女儿心理健康的影响也是不可小觑的。加拿大安大略省圣杰洛大学针对20～24岁女学生所做的调查研究显示，父亲对女儿的感情、性心理与社会发展具有很大影响。女性是否能够坦然面对自己的性别，与她们感觉父亲是否予以肯定和支持大有关系，内心越认为父亲肯定她的女性性别，处理性问题的能力就越好，反之亦然。

中国自古就有相夫教子的传统，使得人们普遍认为在孩子成长过程中，妈妈扮演着更为重要的角色，不过，根据时下流行的萨提亚亲子理论，相比妈妈，爸爸对于孩子的心理成长更为重要，尤其是在孩子4岁之后，爸爸必须在孩子的成长过程中担当更重要的角色，付出的要更多一些。那么，该如何成为一个称职的爸爸呢？

首先，在孩子0～4岁时，父亲要从经济与情感上关爱妈妈。因为在孩子出生到4岁这个时间段，妈妈是孩子最重要的人，爸爸要做的事情就是全心全意照顾好妈妈，保障家庭的经济收入，以及妻子对关爱的需求，这样才能使妈妈的情绪保持稳定，有一个好心情照顾好孩子。

不要小看了这一点，心理学家认为，这些心理营养都会对孩子产生影响，决定他们今后的人际关系、亲密关系、安全感和责任感。这种心理营养虽然是孩子间接从母亲那里获得的，但对未来的影响却非常明显。

其次，在孩子4～6岁时，爸爸的影响力要超过母亲。我们会发现孩子在4岁以后，会非常粘爸爸，这是孩子的天性，因为他们要跟爸爸发展他们的"社会性"，以成为一个独立的个体。这时候爸爸的角色就显得非常重要了，其影响力也远远超过妈妈。同样是一句赞美的话，从爸爸嘴巴里说出来，对孩子的影响是妈妈的数十倍，所以，爸爸们千万不要吝啬你的赞美哦，你的赞美能让孩子更加自信，更有勇气战胜困难。

关于这一点，其实很好理解。在上面的内容中，我也讲过，那些生活在单亲家庭，缺乏父爱的孩子，无论是男孩还是女孩，他们都有一个共同的特点，那就是胆小、不自信，做任何事情都畏首畏尾。只不过在大家的印象中，女孩天生就比较娇气，因此相比之下，男孩可能更明显一些，甚至会出现一些女孩子的特征，比如遇到困难、受了委屈就会哭泣。

一个心智健全的人才能更好地适应生活，才能在未来的激烈竞争中立于不败之地，而这与幼年时期父母的陪伴、教育息息相关，孩子的黄金时期就那么几年，父母千万不要错过！否则一旦出现无法痊愈的内伤，即使不出现品行方面的问题，也会影响到孩子未来的生活质量。

父母的心智模式会左右孩子的人生

对于多数父母来说，心智模式一词是比较陌生的，我先来给大家普及一下心智模式的知识，再来开启这一节的话题。

心智模式是苏格兰心理学家肯尼思·克雷克在1943年首次提出的。彼得·圣吉将其定义为：根深蒂固存在于人们心中，影响人们如何理解这个世界（包括我们自己、他人、组织和整个世界），以及如何采取行动的诸多假设、成见、逻辑、规则，甚至图像、印象等。

简单地说，心智模式是人们在大脑中构建起来的认知外部现实世界的"模型"，这会影响人们的观察、思考以及行动。心智模式不是天生固定的，而是在后天慢慢形成的，并且在通常情况下，人们的心智模式是不会轻易改变的，但是这并不是说它会一成不变，在外界影响下，心智模式可能会在瞬间发生改变。

对此国外有个节目做过一个有趣的实验。主持人让参与者喝下一杯普通的饮料，并告诉他们说是"美容饮料"，喝完之后问他们的感受，结果参与者都说"非常爽口，喝下去感觉非常舒服"。就在这时，一个事先安排好的参与者做出了呕吐状，然后摔倒了。参与者们马上推翻了他们刚才说的话，说他们感觉恶心，非常难受，甚至有人身上起了荨麻疹。

这个实验说明，新鲜的饮料在人们心中，既能成为美容饮料，也能成为变质的饮料，而这完全取决于人们受到怎样的心理因素的影响。人们的心理有时候容易受到外界的影响，但心智模式却是很难改变的，因为它是人们在特定的环境中基于自己的经历形成的，如果环境没有发生多大的变化，现有的心智模式就不会改变。

每个孩子从出生到长大，都离不开家庭环境，所以父母的心智模式往往会"遗传"给孩子，决定孩子的一生。

我在做咨询的时候，曾接触过一个非常自卑的小女孩，她的妈妈希望我能帮助孩子变得自信。经过我与小女孩及她母亲的接触、沟通，我发现需要接受心理咨询的不只是这个孩子，还有她的妈妈。这位单亲妈妈年幼的时候就被亲生父母抛弃了，被养父母抚养长大。由于养父母都是残疾人，所以，她从小就感受到别人的歧视，养父母也经常告诉她，不要到外面惹事，我们的家庭情况比不了别人，久而久之，她就觉得自己低人一等。

成年后，她结了婚，但婚姻仅仅维持了三年，这给她造成了很大的打击，加重了她的自卑感。这种自卑感总在生活中不经意地表露出来，比如女儿一次考试成绩不理想，她就会唉声叹气地对女儿说："女儿，你这么努力，怎么都考不好呢？"即使女儿取得了好成绩，她也很少表扬她，总是对她说："你下次应该再努力一点。"时间长了，小女孩就认为自己很笨，因为妈妈总是愁眉苦脸地面对自己，一定是自己不够好，才让妈妈这样的，所以，小女孩也变得忧伤、自卑、敏感。

我常说，孩子是父母的一面镜子，这不仅表现在孩子的言行上，也表现在孩子的心智模式上。孩子的心智模式会影响孩子的认知，对他的行为产生导向作用，也就是说孩子的认知、言行是心智模式的外在表现形式，不健康的心智模式会导致孩子不良的认知与行为，健康的心智模式则会对孩子的成才起着重要的作用。

一个法国化学家，在获得诺贝尔奖的时候，说到他之所以能取得这样的成就与他有一个伟大的妈妈是有很大关系的。

在他5岁的时候，有一天，他不小心弄洒了一瓶牛奶，他很害怕，本以为妈妈会狠狠地骂他一顿，说不定还会打他呢！可是，妈妈的做法却令他十分意外，妈妈先是笑了一下，然后对他说："既然牛奶已经洒了，我们看他还有什么用？"妈妈拿来了很多他折的纸船，放在洒在地上的牛奶上，一个牛奶海洋就诞生了，他和妈妈拿着纸船在牛奶海洋上面进行比赛。

之后，妈妈又告诉他之所以会打翻牛奶，是因为他不知道怎样抓奶瓶，并给他演示正确抓奶瓶的方法：一手抓住瓶颈，一手拖着瓶底，从那以后他再也没有打翻过牛奶。

这位化学家说，这件事影响了他的一生，给了他很大的启发，一是学会了把没有用的东西变得有价值。每次实验失败后，他就会想起妈妈把洒在地上的牛奶变成有价值的东西，他的很多科学发现就是这样得来的。二是从童年开始，他就不害怕失败、不害怕犯错误。只要改正了，下次做对了就可以了，这就是他成功的关键秘诀。

对于幼儿来说，父母就是全部，就是世界，所以，他们会认为，父母对待自己的方式，就是人对待世界的全部方式。一个从小在父母的哀叹声中长大的孩子，会认为自己不争气，不会有出息；一个从小就经常挨打的孩子，会形成"我就是个坏孩子，就应该挨打"的想法，而且他还会以父母对待他的方式去对待别人。

父母的心智模式会决定孩子的心智模式，并会左右孩子的人生。而令人担忧的是，如今社会上心智模式扭曲的人越来越多，但我相信父母都希望给孩子最好的，没有人会故意折磨孩子，只不过不清楚孩子身上的问题出在自己身上罢了，他们并没有发现自己的心智模式是不健康的，会给孩子带来如此不好的影响。

由于心智模式隐而不见，而且具有自我增强的特性，它常常变得根深蒂固，难以改变，但这并意味着不可以改变，接下来我就来讲一讲如何改善心智模式。改善心智模式的方法有很多，我简单地介绍几种比较实用的方法。

首先，我们要学会自省与反思。

自省是改善心智模式的核心方法，如果人们根本没有意识到自己身上有问题，当然就不会去寻求改变。通过自身，我们可以发现内心世界深处隐藏的成见、假设、逻辑、规则，然后对它们进行审视、反思，才能促使自己改变。

其次，努力学习。

通过获取新的知识，可以开阔我们的视野，改变我们固有的认知，错误的认知改变起来并不难，难的是去发现他们，所以，我们要不断地努力学习，并且学会接纳别人的意见，欣赏差异性，积极向与自己看法不同的人学习，听一听他的想法与建议，你或许会豁然开朗。

第三，在挫折中总结经验教训。

每个人身上都存在稳固的心智模式，有时候它会影响我们做出判断，或者使我们在做某件事情时碰壁，行不通，但挫折出现时，我们就应该静下心来想一想，是不是哪里出了问题？

可能有时候会意识到是自己的认知出现了问题，但人都有自我保护意识，有些人不愿面对，经常回避、隐藏问题，才会使同样的错误一而再再而三地出现。殊不知，挫折、困难正是自我突破的助推力，积极地面对问题，勇敢地接受挑战，是学习、提升自己的最好方式。

为人父母者比世上任何人都更爱自己的孩子，比任何人都更希望自己的孩子健康、幸福。但如果你真心地爱孩子的话，就请勇敢地剖析自己吧，为了孩子，也是为了自己！

警惕这些无意的伤害

自尊心是人类特有的思维活动，是向上的内在动力。幼儿期是孩子自我意识的形成时期，此时，他们开始注意别人对自己的评价，保护自己的自尊心。孩子的自尊心是孩子健康成长的重要心理因素，一个孩子只有建立起自尊心，才能逐渐建立起自立精神。

儿童的自尊心具有四大特点：一是具有高度自尊心的孩子善于表达自己的思想，比较活跃；二是他们往往对世界问题颇感兴趣；三是善于与人建立良好的关系，在与人交谈的过程中，常常处于主导地位；四是很自信，坚信自己能做好任何想做的事情。从儿童的自尊心特点中，我们不难看出，自尊心对孩子的成长、心理健康，乃至潜能开发都有着诸多的益处。

那么，孩子如何才能拥有高度的自尊心呢？心理学家发现，孩子的高度自尊心来源于父母对他们的真正关心和尊重。然而，我们很多家长却在不知不觉中摧毁孩子的自尊心，看看下面的这些行为，来审视一下自己吧。

当众批评孩子。

关于这个问题，其实很多家长已经意识到当众批评孩子是不好的，但是有时候他们又会不自觉地表现出来。比如，几个家长聚在一起聊天，一位妈妈说："赵阿姨的孙女每天回到家不用家长催，自己就会主动完成作业。"另一位妈妈说："哎！人家的孩子是怎么教育的呢？我要有这样一个孩子，可省心喽！"

这位妈妈虽然没有直接批评孩子，但她说话的语气与表情，一定会让他的孩子感到不舒服，而且当众表现出来，尤其是在熟人面前，孩子会觉得非常没有面子，自尊心受到伤害。也有的家长会借此机会刺激一下孩子，"你看看，人家比你还小呢，多懂事，你应该好好向人家学习，少让我操心！"孩子都比较敏感，特别是处于青春期的孩子，你这样说，他会很不服气，甚至会与你发生顶撞。我就听到过一个女孩说："那干脆让她当你女儿好了，我也少了一个爱唠叨的妈。"

还有，父母应该避免破坏性的批评。破坏性批评是对孩子自尊心无情剥夺。关于破坏性的批评我在"别用内疚感控制孩子"这一节中有详细地叙述，在此不做赘述。

让孩子失去自我。

我曾经给一个刚毕业的大学生做过咨询，这个孩子的主要问题就是没有自己的主见，每次你问他什么事情，他都会看着自己的母亲，问一句："妈妈，你觉得呢？"哪怕是最简单的问题，他也不会自己回答。

其实，这个孩子的学习成绩是非常优秀的，从一所重点大学毕业，而且弹琴、绘画、书法都十分在行。为什么这样一个孩子会变成现在这个样子呢？原来是因为孩子的母亲过于强势，从小就为孩子包办了一切，包括孩子上什么兴趣班、穿什么衣服、参加什么比赛、找什么工作，等等。以至于他成年之后，在群体中总是感觉自己一无是处，毫无自信，哪怕是一个很小的事情，都没有能力把它做好。

平常我们经常会听到一些家长说："我觉得女孩子学钢琴比较好"、"我觉得男孩子应该学一些技术，提高动手能力"、"我认为×××学校比较好"，等等。大家注意到了吧，这些家长说话时，总是说"我觉得"、"我认为"，把自己的意志强加给孩子，做什么事情首当其冲的不是孩子，而是孩子的家长，这不是在剥夺孩子的自主权吗？长期在被压抑的环境中长大的孩子，哪里来的自尊？没有自尊哪里有自信与独立呢？

不信任孩子。

不信任是对人尊严无情的挑战，可是很多家长却没有意识到这一点，他们宁可相信陌生人，也不相信自己的孩子。

森森转学去了一所新幼儿园，上学刚三天，彤彤的家长就向森森的爸爸告状，说森森经常欺负她家女儿。森森的爸爸知道儿子是一个调皮的孩子，回家后，二话没说，就把孩子揍了一顿。森森委屈地说："爸爸，我不知道谁是彤彤啊！"爸爸听了，觉得儿子是在狡辩，又是一顿揍。

第二天，爸爸找到幼儿园老师，询问情况，幼儿园老师诧异地说："森森在幼儿园里很乖啊！他从来没有欺负过其他的小朋友。"之后，老师又叫来彤彤，彤彤指着另外一个孩子对老师说："老师就是他老欺负我，莘莘！"原来，彤彤的妈妈说南方人，普通话说得不好，误把"莘莘"说成了"森森"，害得森森白挨了一顿打。

不少家长总担心孩子撒谎，所以对孩子常常保持着一种警惕、怀疑的态度，对孩子的话诸多质疑，这对孩子来说是非常伤自尊的。爸爸妈妈是他最信任的人，如果连最信任的人都这样怀疑他，自尊心怎么会不受伤害呢？

父母言行举止轻浮。

孩子虽然不会对父母言听计从，但是他们却十分擅长模仿父母的行为。是不是一家人，有时候从孩子的言行举止上就能看出来。如果父母的言行举止轻浮，那么，孩子也会如此。有些父母平时说话很不注意分寸，还会偶尔蹦出脏字，孩子不仅会模仿，还会认为人与人之间就应该是这样的，不需要尊重。即便你给他讲太多的道理，也比不上你的言传身教来得直接。

强迫孩子做事。

孩子也具有独立的人格，父母应该尊重孩子的选择，这个道理大家都明白，但在实际执行的时候，就把这句话抛在了脑后。

比如，我们经常会听到父母说："你吃的、穿的、用的都是我给你提供的，你就应该听我的话。"家长在说这句话的时候，明显是在抬高自己，贬低孩子。因为你是孩子生存的依赖，就可以要求孩子做任何事情，这就是对他的不尊重，忽视了孩子也是有独立人格的。

夫妻关系不和睦。

夫妻关系不和睦也会影响孩子的自尊心发展吗？可能不少父母对此持有怀疑，可是你别忘了，孩子是父母爱的结晶，他的一半来自母亲，一半来自父亲。有些夫妻吵架时，常常当着孩子的面，甚至借此机会"教育"孩子，"你爸爸是个不负责任的人，以后你千万不要学他""你妈妈是个懒惰的女人，你以后不能像她一样"等。对于孩子来说，父亲和母亲都是他最爱的人，你这样做，就是要孩子否定其中的一方，支持另一方，这会让他很难过。

根据心理学家马斯洛的研究，当人的生理需求得到满足，也就是吃饱穿暖之后，心里最大的渴望就是爱与归属感，而孩子获得的爱与归属感就是从父母那里获得的，父亲关系不和睦，就影响了孩子爱与归属感的获得，逼迫孩子否定其中的一方，也就是要求孩子在否定自己，一个常常被否定的人，他的自尊心也会大受打击。

以上这些都是父母容易忽视的，也是最容易伤害孩子自尊心的行为，希望能够引起父母的注意。

很多时候，父母对孩子最可怕的伤害不是显而易见的，而是存在于父母的下意识中，不易觉察的伤害。父母要保护孩子的自尊心，不要做出伤害孩子自尊心的事情，那么，是不是教育、惩罚孩子都会伤害到孩子的自尊心呢？这是不少家长的困惑，孩子犯错误之后，想要教育孩子，又怕教育方法不当会伤害孩子自尊心，左右为难。我认为教育、惩罚孩子在有些时候是必需的，但可以做到不伤害孩子的自尊心，下面我就给大家介绍几种比较实用的方法。

首先，惩罚孩子后要让孩子明理，并及时安慰。

5岁的安安对电视插座很感兴趣，总是偷偷地去触碰，尤其是看到插头接触到插线板那一刻，电视就会发出声响，他就会异常兴奋，他不明白为什么电视有电才能发出声音。有好几次，爸爸都严厉地批评了他，不让他触碰插线板，但是他还是会背着父母去做。有一次，妈妈生气地罚安安站了一个下午。可第二天，安安的老毛病又犯了。

在这个故事中，安安总是犯同样的错误，即使在父母惩罚他之后，他还是会去做。为什么呢？好奇心是一方面，更重要的是孩子不知道他这样做会有怎样的后果，他会觉得纳闷：为什么爸爸妈妈可以这样做，我却不可以这样做呢？

　　有不少父母在孩子犯了错误之后，都会十分严厉地批评孩子，甚至动手打孩子两下，我们说批评孩子、打孩子不是目的，目的是让孩子改正错误，可是你在惩罚完孩子之后，告诉过孩子他错在哪里了吗？没有！你只是制止了他的行为，却没有让他从内心认识到他错在了哪里，这才是问题的关键。

　　再有，惩罚完孩子之后，要及时安慰孩子，告诉孩子爸爸妈妈并不是不喜欢他，而是不喜欢他的错误行为，希望他能改正，这样父母就会更加爱他了。在这个过程中，孩子也能体会到父母的良苦用心。

　　其次，批评孩子时要控制好情绪。

　　有些家长在孩子犯了错误之后，就很难控制自己的情绪，说话也不太注意分寸，难免会说出一些出格的话，甚至是指责、谩骂，这将会刺伤孩子的自尊心。建议父母在教育孩子时，先稳住自己的情绪，就事论事，而不是把孩子作为发泄情绪的导火索。家长情绪失控不仅起不到教育孩子的目的，还会激化矛盾，得不偿失。

　　此外，家长在批评孩子时，不要唠叨得太多，这会让孩子分不清重点，不知道听哪一句为好，时间久了，对家长的话也就充耳不闻了，就失去了教育的效果。

别用内疚感控制孩子

　　内疚感是指对一件事情或某个人心里感到惭愧而不安的一种心情。每个人都会有内疚感，包括孩子。内疚感分为两种：一种是健康的内疚感，一种是不健康的内疚感。健康的内疚感就像是功能完好的"心灵报警器"，它会提醒我们下次不要再重蹈覆辙；不健康的内疚感则可以说是一种习惯性的行为，当局者可能并没有做错事，本不该为之承受痛苦。

在内疚感这个问题上，不少父母都存在着这样一种认知：一个孩子有了内疚感，才会真正认识到错误，所以，他们都是会有意无意地给孩子制造一些内疚感。其实，这原本是孩子不应该承受的，是一种不健康的内疚感，却成为了父母教育孩子的一种手段。通常情况下，父母会通过两种方式让孩子产生不健康的内疚感。

第一种是破坏性批评。什么是破坏性批评呢？批评可分为建设性的批评与破坏性的批评。建设性的批评是心平气和的摆事实讲道理，以理服人，使被批评者心服口服，从中受益。破坏性的批评重点在于批评者的情绪发泄与被批评者心理伤害，这对被批评者来说，不仅无益，而且有害。

周日的早晨，妈妈正在忙着做家务，玲玲边吃零食边看电视，不一会儿客厅里传来玲玲的喊声："妈妈，我渴了，帮我倒杯水。"妈妈正忙得不可开交，有些生气地说："你没看我忙着呢，你先等一会儿，等我帮这盆衣服洗完。"

"等你洗完衣服，我都渴死了。"玲玲又一次催促妈妈。妈妈想起一大早，老公就和朋友出去钓鱼，家里的一大堆活都要自己干，心中满是委屈，此时玲玲又不停地催促，令她十分恼火："催什么催啊？你就不能等一等，我又没长着三头六臂，你听点话行不行？能不能体谅一下我的辛苦，把我累死了，你就满意了？"

玲玲见妈妈真的生气了，走到妈妈的身边，对妈妈说："对不起，我听话，你别生气了。"听了女儿的话，妈妈委屈地哭了，玲玲恐惧极了，拿自己的衣服袖子帮妈妈擦了一下眼泪，异常懂事地说，

"妈妈，我不喝水了，等你洗完衣服，有时间再给我倒水吧。"

"宝贝，你真是个懂事的孩子。"妈妈露出了欣慰的笑容。

其实，玲玲并不知道妈妈为什么会哭，她只是觉得自己的行为让妈妈难过了，自己是个不听话的孩子，她心里感到内疚，不想做一个不听话的孩子，所以，她不要妈妈马上给她倒水喝，她考虑的是妈妈的情绪。

当妈妈说"你真是个懂事的孩子"时，玲玲也满足了，因为妈妈夸奖了自己，自己就是一个听话的好孩子了。从此，玲玲的心中就形成了这样一模式：放弃自己的想法，照顾妈妈的情绪，不让妈妈伤心难过，就是听话的好孩子，就能得到妈妈的夸奖。如果坚持自己的想法就会让妈妈为难，那就不是听话的好孩子了。

玲玲为什么会有这样的结论呢？因为她感到内疚，内疚与害怕、恐惧等情感不同，是经过我们的内在道德判断后才产生的，属于道德情感的范畴，但这种受道德谴责的感觉会让玲玲不舒服，像是对自己的惩罚。

破坏性批评的"教育"方式会直接伤害孩子，如果这样的事情经常发生，孩子要偿还的"欠债"就会越积越多，便会陷入深深的自责而产生负罪感，幼小的心灵就会背上沉重的包袱，背上这样的包袱，就很难获得成功。

第二种是感恩教育。可能有些人会有疑惑，感恩教育也会让孩子产生内疚感吗？其实，不是感恩教育本身会让孩子产生内疚感，而是父母采取的感恩教育让孩子产生了内疚感。

思思的爸爸是一名出租车司机，工作非常辛苦，早出晚归，往往是思思还没有起床，爸爸已经出车去了，晚上思思睡着了，爸爸才回家。

周末的一天，思思的爸爸回来得比往常早，思思觉得很奇怪，跑过去迎接爸爸。爸爸轻轻地拍打着腰部，思思关心地问爸爸怎么了。爸爸说自己的老毛病又犯了，思思懂事的扶着爸爸走进卧室，准备学着妈妈的样子给爸爸按摩一下，爸爸却拒绝了，对思思说："你快去写作业吧，我这样辛苦还不都是为了你，你好好学习，就是报答爸爸了。"

在厨房忙碌的妈妈走进卧室，来给老公按摩腰部，也对思思说："爸爸说得对，快去做作业吧，家里的事情你就不用操心了，你学习好了，就是对我们最大的回报。"思思回到自己的房间，埋头做功课，她下决心一定要好好学习，为了报答爸爸妈妈。

想一想，思思的案例是否在你的生活中出现过呢？你是不是经常对孩子说这些说：

"我这样辛苦是为了谁，还不是为了你！"

"爸妈辛苦些没什么，只要你将来有出息！"

"家里的活不用你干，你专心学习就行了。"

"相信父母所做的一切，都是为了你好！"

"我打你，也是为你好，你要懂得妈妈的良苦用心。"

……

你的本意是对孩子进行感恩教育，可结果呢？在思思这个案例中，她听了父母的"谆谆教诲"，埋头去做功课，为的是好好报答爸爸妈妈。因为她的心里有内疚感，为了逃避这种让人不舒服的内疚感，她就必须去报答那个使她内疚的人。

父母通过使孩子产生内疚感而控制了孩子的行为，在心理学上叫做内疚感控制。内疚感控制的结果是，孩子会经常性地去做取悦或报答父母的事情，而不是原本他想要做的事情。思思是因为内疚才去做功课的，她的学习动机已经不单纯了，而是在内疚控制下，为了报答爸爸妈妈所做的行为。

现在有一些学校开展感恩教育，比如在父亲节、母亲节的时候，给父母洗脚，有时候场面非常壮观，成千上万的学生排成几排，蹲在地上给父母洗脚，耳边响起《感恩的心》，校长动容地讲解着为人父母的不易，说得学生们痛哭流涕，鼓励孩子好好学习，将来报答父母。

这就是感恩教育吗？在我看来，这是以"爱"的名义，行"不爱"之事，让那个"被爱"的人时刻以内疚感面对父母，以父母的期望作为自己的行动指南，会让孩子失去自我，被内疚"牵着鼻子走"。

而就算有一天，孩子考上了理想的大学，圆了父母的梦，"报答"了父母，有一天，父母还是会抱怨孩子不知道感恩："你都长这么大了，怎么不知道帮我干点活啊？""一回到家就打游戏，你看你的房间都乱成什么样子了，这么大了，还让我操心。"

殊不知，这些都是父母自己的不恰当言传身教造成的。在孩子小的时候，你们不让他们干任何事情，剥夺了孩子在劳动中学习感恩的机会，他们从来没体验过劳动的辛苦，现在怎么能体谅父母的辛苦？他们知道的唯一的感恩形式就是好好学习，将来有出息，为父母争光，可现在他们做到了呀，因此孩子们也会感到困惑：为什么我有出息了，父母还会不知足呢？

身为父母，要有这样一个认识：父母对未成年子女做的一切，不是一笔恩情债。生育养育后代是一个生命的本能行为，爱你的孩子是无需条件的，带有条件的爱不是真爱，是自私的表现，这种被父母以"爱"的名义绑架的孩子，成年之后，会对任何情感都产生不信任，不能从爱中获得安全感，失去爱人的能力。

当然，我并不是说，为了不压抑孩子的"自我"，孩子就可以不对自己的行为负责，不用为自己的过失感到内疚，健康的内疚感还是需要的。比如，孩子在幼儿园里和小朋友发生了矛盾，动手打了别人。发生这样的行为就必须让孩子认识到自己的错误，能够因为心里的内疚感而做出弥补的行为，这才说明孩子在这次犯错时，获得了初步的道德评判能力。

即便是健康的内疚感，也应该有一个期限。有些父母在孩子犯了错误，孩子意识到错误之后，还会经常拿出来说，使得孩子一遍遍承受着内疚感的痛苦，这会让孩子一直处在内疚与逃避内疚的怪圈中，这对孩子来说是不公平的。谁都犯过错误，但不能抓住错误不放，只要孩子改正了，就应该翻过这一页。

身为父母，不要人为地给孩子制造内疚感，特别是本不属于他的内疚感，即使犯了错误，只要他改正了，弥补了他的过失，就应该让孩子放下心理包袱，不要再被内疚感纠缠，这样才能让孩子健康快乐地成长，成为真正的自己。

收起你的焦虑与浮躁

现在的人们普遍被一种焦虑、浮躁的心态笼罩，要么幻想着一日暴富，一夜成名，要么只顾眼前利益，忽略未来。就连在教育孩子的问题上，都表现得急功近利。"十年树林，百年树人"的道理人人都懂，但实际生活中急于就成的事随处可见。

今天孩子犯了错误，明天就希望孩子能够有一个崭新的面貌；或是孩子这次考试成绩不理想，就希望下次考试名列前茅。父母焦虑、浮躁的心理带给孩子的不仅是压力，也会让他们变得焦虑、浮躁。

现在很多孩子做事虎头蛇尾，很难从头到尾安安心心地完成一件事，比如做事不专心，拼图拼了一半，书本翻了两页，又跑去玩玩具，可没玩几下又丢到了一旁；一边吃零食一边做作业，或者边吃饭边看电视；做事情不细致，只求快不讲究质量，等等。

对于孩子的这些坏毛病，我们常常忍不住大吼道："你能不能快点，能不能认真一点，能不能听话啊……"可是，你是否想过孩子的焦虑、浮躁的心理是怎样造成的呢？看看下面的场景，你是否熟悉呢？

周末，晨晨的妈妈想利用休息的时间带着孩子去动物园和海洋馆玩，一进动物园，晨晨就被大熊猫吸引住了，看着憨态可掬的大熊猫不肯走，妈妈在一旁催促道："快点，前面还有很多动物你没看到呢？你不是想看北极熊吗？快点。"晨晨最终还是被妈妈拉走了，他一脸的不高兴，嘟着嘴。

到了金丝猴展区，晨晨又被可爱的猴子吸引住了，高兴地在一旁学着小猴子的样子蹦来蹦去，妈妈又开始催了："快点快点，我们还要去海洋馆呢，照这个速度，什么时候才能观赏完啊？"在妈妈的一再催促下，后面的很多动物，晨晨都没来得及好好看，走马观花似的就从动物园出来了。

每次带孩子出去玩，家长都希望孩子能在最短的时间内看更多的景色，玩更多的娱乐项目，所以，总是在催促，总有一种紧迫感，而孩子往往喜欢把一个项目玩很多次，只要开心就好，但这是家长不允许的，其实说到底是家长太浮躁了。下面来看看我们是怎样影响孩子的。

首先，以成人的标准来要求孩子。

早晨是父母最忙碌的时候，从起床到出门往往只有半个小时的时间，在这半个小时内还要把孩子打扮好，准备送去幼儿园。孩子起床、穿衣、刷牙、洗脸、吃饭，每做一件事都要浪费掉不少的时间，所以，我们总是在催促孩子，"快点，快点"，让孩子变得急躁、焦虑不安。

孩子其实是有自己的节奏的，和成年人不一样，他们没有时间概念，更不懂得惜时如金，比如，有的孩子起床前喜欢听一段音乐再起床，有的孩子喜欢和妈妈再亲昵一会，有些孩子喜欢边刷牙边做鬼脸……为什么不能满足孩子的这些小小要求呢？只要你早睡上半个小时，早晨早起半个小时，你和孩子都不会那么匆忙了。

其次，以粗暴的方式打乱孩子的节奏。

在晨晨这个案例中，妈妈就是在用粗暴的方式打乱孩子的节奏，而且还经常标榜上"为了孩子好"。比如给孩子报兴趣班，孩子想学跳舞，妈妈却执意让孩子学钢琴，钢琴是音乐的基础，一个女孩子学钢琴，多有气质！孩子想玩水、玩泥巴，父母也会严厉制止，担心弄脏衣服。一旦孩子不听话，坚持己见，就会遭到父母严厉的批评，末了，还不忘说一句，"还不都是为了你好吗？"

你是父母，你是管理者，很多时候，你都会把自己的意愿强加给孩子，孩子不愿意，你又会抱怨孩子太难管。要想改变孩子焦虑、浮躁的心理，应该追本溯源，先让自己不浮躁，不焦虑。要做到这一点，父母首先要学会控制自己的情绪。

我们常常会看到这样的场景，一家人因为孩子的调皮捣蛋爆发一场战争，孩子大哭，妈妈愤怒地咆哮着，爸爸将孩子的文具重重地摔在地上，家里顿时一片狼藉。试问在这样的情况下，孩子能不焦虑、不浮躁、不恐惧吗？父母对待他的方式能不被传染吗？

且不说你是否会对孩子大吼，肆意地发泄你的情绪，即便是你压抑自己的情绪，聪敏感敏的孩子都能感觉到，都会让孩子焦虑不安，何况是如火山般喷发式的爆发呢？有调查研究显示，妈妈的性格与脾气会直接影响孩子的心理发育。妈妈性格温和，孩子性情自然也就平和；如果妈妈性格暴躁，那么，孩子遇事也难免心浮气躁。所以，控制情绪是做妈妈需要学习的重要一课。

俗话说："急则无智，怒则无谋。"教育孩子既需要智，又需要谋，"只有平静的内心，才有可能沉淀和吸收教育的理性思考"，只有父母内心平静下来，才能认真思考如何科学的教育孩子，找出适合孩子的教育方法，否则，任何的教育方法都是枉然。

要让家长的内心平静下来，就必须要了解儿童的成长规律与过程，站在孩子的角度去理解孩子，了解孩子的生活，而不是用成年的思维来揣测孩子，这一点，是很多父母都很难做到的，所以，我们总是在无意间冤枉了孩子，伤害了孩子那颗纯真的心。

一位妈妈说，有一天儿子打碎了热水瓶，她非常生气，因为她曾经无数次告诉孩子，不能碰热水瓶，于是，她狠狠地打了孩子，孩子流着眼泪说："妈妈，你感冒了，我想给你倒水，让你吃药。"一句话说得妈妈泪如雨下。为什么我们总是那么急躁，不能听听孩子的解释呢？

成长不是一蹴而就的，我们需要给孩子充分的时间，让他慢慢成长，就像一棵小苗，让他慢慢地接受雨露的滋润，阳光的温暖，接受风雨的洗礼，才能茁壮成长。别给孩子太大的压力，别让自己急功近利的心理破坏孩子的成长规律，现在的孩子真的很累，完成了一天的学校学习，还要在家长的带领下穿梭于各种培训班、兴趣班之间。

我们总是说，现在吃苦，将来才能享福。殊不知，以牺牲孩子的童年为代价，换来的有可能是孩子一生的悲哀。我是一名心理咨询师，我发现很多咨询者的心理问题都可以追溯到他的童年时期。

比如，有一个20多岁的大男孩，他非常苦恼，没有一个朋友，原因是他不知道该如何与他人交往，在他的记忆里，他的童年都是在学习中度过的，每天父母都会督促、唠叨，让他好好学习，唯一一次偷着跑出去和小伙伴玩，还被狠狠地揍了一顿，从那以后，他就再也没有交过朋友。

那么，我们该以怎样的心态对待孩子呢？我看过一本引进版的图书，作者是两位德国学者，书的名字是《孩子是到我们家来问路的客人》。作者将父母与孩子的关系比作客人与主人的关系，他们说孩子是客人，那么，早晚有一天他要离开，去寻找他自己的人生，所以，作为主人，我们应该让他在家里过得快乐；孩子有他的目标，人生归途，这些我们是不能干涉的，应该尊重他的选择，我们不会打骂孩子，会和他客气的讲话，我们相信他身上有着成长的潜力，我们要做的只是配合他，让他的潜力得到充分的发挥。

我认为这才是真的爱孩子，我们常说中国父母是最爱孩子的，其实这只是站在父母的角度来讲，你付出的百分之百的爱，孩子得到的或许只有百分之五十，甚至更少，因为我们的爱总是附带有条件，"你考试考第一名，我就给你买玩具""你听话，我就满足你的一个要求"，等等，我们总是在不知不觉中给孩子灌输一种不正确的观念——有功利性的爱，在这种爱中成长的孩子，能不焦虑、不浮躁吗？

《大学》里讲"正心、诚意"。只有先正父母的心，才能正孩子的心，父母应该切记！

接纳，奠定孩子的一生

从孩子呱呱落地的那一刻起，我们就应该接纳他，无论他将来是不是聪明，他未来的人生是不是精彩，我们都应该接纳他，因为他是我们爱的结晶，是我们身体的一部分，是我们最亲密的人。

我曾经看到这样一个故事：在一家日本的妇产科医院里，随着一声清脆的啼哭声，一个新生命诞生了。然而，令医生们大惊失色的是，这个男婴没有胳膊和腿，只有一个头和一个身躯。他们担心孩子的母亲受不了这样的打击，一直隐瞒着。直到一个月后，当她第一次见到自己的孩子时，在场的人都被她的表现惊呆了，她面带着微笑望着婴儿，深情地说："多么可爱的孩子啊！"这个孩子就是现在日本人气最旺的作家、演说家、优秀教师——乙武洋匡。

母亲的接纳、包容、博爱，让残疾的乙武洋匡绽放出了最美丽的生命光彩！孩子是我们生命的延续，不管他是怎样的，我们都应该去接纳他，只有接纳他，才能让他幸福的成长，才能让他的生命焕发出光彩。可现实生活中，我们总在苛求孩子，对于他的优点视而不见，对他的缺点、不足总是耿耿于怀。

小美是一名初三的学生，学习成绩一直不错，父母希望她能够再接再厉，争取考上重点高中，所以，对小美的要求比以前严格了很多。他们要求小美每天放学后要准时回家，周末也很少让小美出去，总之，小美所有的活动都被限制在书房里。

处于青春期的小美本来就很叛逆，对于父母的安排当然不会满意，于是她故意不好好学，还时常逃课，和一个男孩子出去玩。父母得知这一情况后，与小美发生了激烈的冲突，从小到大爸爸都十分溺爱，唯有这次动手打了小美，致使父女关系降到了冰点，两人已经很久没有说过话了。

我相信每一位家长遇到小美这样的孩子，都会感到头疼。本来很好的孩子，现在变成这样，而且正处于升学的关键时期，能不着急上火吗？但是着急上火也不能与孩子发生激烈的冲突，尤其不能动手打孩子。青春期的孩子都十分叛逆，你越是这样做，越激起她的反叛。

聪明的做法是接纳她，接受现实。因为要让孩子发生改变，并不是一蹴而就的事情，这需要一个过程，所以，在没有发生质变之前，我们唯一能做的就是接纳。当我们接纳她，接纳现状之后，心绪才能平静下来，进行理性的思考。很多时候我们要做的不只是让孩子改变，更多的是需要改变自己，改变自己的认知，只有这样才能真正理解孩子，心平气和地去和孩子沟通、交流，解决孩子成长中的问题。

父母是孩子最亲近、最信任的人，如果连父母都无法接纳孩子，包容孩子，那么，孩子的自信又从哪里来？在父母挑剔的眼光中，孩子看到的只有缺点，自卑的心理会一直伴随着他。那么，父母如何做才是真正地接纳孩子呢？

首先，不要求孩子完美无缺，冷静地看待孩子不尽如人意的地方。

金无足赤人无完人，每个孩子身上都有优点，也有缺点，我们不能要求孩子完美无缺，不能看到别的孩子在某一方面比自己的孩子强，就与人攀比，逼迫孩子赶超别人，每个孩子都是独一无二的个体，尊重个体，冷静地看待孩子不尽如人意的地方，包括孩子的生理与心理。

我认识一个小女孩，她出生的时候就患上了血管瘤，左腿比右腿要粗一些，经过了几次治疗，情况得到了改善，但两条腿还是有明显的差异。孩子的妈妈常常望着孩子的腿暗暗流泪，她无法接受这个现实，她担心孩子将来会受到歧视：如果上幼儿园了怎么办？如果长大了结婚怎么办？如果有一天女儿因此自卑怎么办？

所以，从孩子很小的时候，她就给孩子穿很肥大的裤子，这样别人就发现不了孩子的两腿是不一样粗的。孩子渐渐地长大了，有一天，孩子问妈妈："妈妈，别的小朋友都穿着漂亮的裙子，为什么我没有一条裙子呢？"孩子的问话让她泪如雨下，从妈妈的表情中，孩子似乎读懂了什么，看看自己的腿，然后说，"我的腿不好。"眼神中闪过一丝失望，从那时候开始，女孩变得沉默寡言，很自卑。

或许，你会觉得这个小女孩伤心难过是因为自己的腿和别人不一样，不能像其他女孩子一样穿裙子，但我认为是因为妈妈不能接纳她，才是令孩子最伤心难过的。如果从一开始，妈妈就能够平静地告诉孩子她的不同，不刻意地去掩饰她的缺点，就不会对孩子的心理造成那么大的冲击。

孩子的腿有问题，是客观事实，是无法改变的，要想让孩子不会因为被歧视、嘲笑伤心难过，就应该尽早地让孩子接受自己，而要做到这一点，妈妈首先要接纳孩子，不要把孩子的缺点看得过重，显然这个妈妈并没有从心里真正接受孩子患病的事实，她又怎能让孩子接受呢？

其次，接纳孩子，就应该关注孩子的优点，永远给孩子积极的暗示。

中国的父母爱挑剔，有些人纵使孩子有很多优点，也总会视而不见，而去发现孩子细微之处的缺点，这应该是源于父母追求完美的心理吧。我强调关注孩子的优点，并不是说对孩子的缺点视而不见，而是认为孩子的任何一个缺点，我们都可以通过积极的暗示来纠正。

有一位聪明的父亲，在孩子上幼儿园后，每天放学回家都会问孩子三个问题：第一个问题是"今天学校里有什么好事发生？"；第二个问题是"你今天有什么好的表现？"；第三个问题是"你有什么需要我们帮助的吗？"

这位父亲说，通过询问第一个问题，我可以了解孩子的价值观，看他是如何判断好与坏的；问第二个问题是为了激励孩子，增强孩子的信心；第三个问题是想了解孩子在学校遇到了哪些困难、挫折，从而帮助孩子。

通过这三个问题，就可以了解孩子的情况，包括优缺点，而且这是一种"润物细无声"的方式，父亲最大限度地保护了孩子的自尊心，激励了孩子，增加了他的自信心，同时又对他的缺点、困难及时地给予了帮助。

每个人都渴望被人接纳，孩子更是如此，接纳如冬日的暖阳，照在我们的心里，暖暖地，充满力量；不接纳，犹如暴风骤雨，让我们的内心被侵袭得千疮百孔。身为父母，无论孩子怎样，他都是我们的孩子，我们都应该无条件地去接纳他，包容他，给他以力量与温暖。不仅如此，我们还应该教会孩子学会接纳自己。

自我接纳是指个体对自身以及自身所具特征所持的一种积极的态度，即能欣然接受自己现实中的状况，不因自身优点而骄傲，也不因自己的缺点而自卑。孩子只有学会了自我接纳，才能认清自己，才能更好地成就自己。

要让孩子学会自我接纳，父母首先要接纳孩子，这是第一步，接下来就是要让孩子改变认知，改变他们看待事情的态度。

有一个高中生因为个子矮小而烦恼，他担心别人会嘲笑他，老师看不起他，每次学校举行集体活动，他总是借故不参加，因为他不想和同学们站在一起，让同学们发现他与别人的巨大差距。有一天，他将自己的烦恼说给一个身高一米八的朋友听，这位朋友听后摇摇头说："矮个子有矮个子的烦恼，高个子也有高个子的烦恼。"这句话让这个高中生一下子豁然开朗，他从来不知道原来高个子的人也会因为身高的问题而烦恼。

通过这个故事，让我们看到一些孩子不接纳自己不是因为他真的很糟糕，而是因为他们的认知观念存在着偏差，并不公平地嫌弃自己，父母要做的就是帮助孩子找出他认知中的偏差，以客观、公平的态度来看待自己，这样一来，他们就能够接纳自己了，接纳自己的不完美，正视现实，对自己有一个清醒的认知，这对于他的成长、进步都是有积极意义的。

你会管理孩子的情绪吗

情绪是非智力因素的核心之一，人的需要、心愿与客观事物发生相互作用时，就会产生情绪，如悲观、欢喜、恐惧、高兴等，这些情绪通常又与人的追求紧密相关。没有追求，人就会感到空虚、无聊；有追求的目标后，在努力的过程中，我们又会产生压力，紧张、焦虑，需要付出巨大的心理能量。

心理学家认为，情绪不仅会影响行为，反过来，行为也会影响情绪。比如，每天出门前，对着镜子微笑，顿时会让你心情舒畅。这说明外界的刺激是客观存在的，但情绪的出现则是我们主观上对外来刺激的反应，外来的刺激不一定能引起我们情绪上的波动。同一件事情，发生在不同的人身上，会有不同的反应，有些人会觉得"天都塌下来了"，可有些人觉得"这仅仅是一个小麻烦"。也就是说，情绪是可以控制的，包括孩子。

我们成年人还有情绪失控的时候，更何况是孩子呢？幼儿的情绪调控能力是比较薄弱的，主要表现为幼儿情绪的易激动性，孩子会因为一点小事突然情绪失控，大喊大叫，这是比较常见的；易感性，情绪容易被周围的事务所左右；易表现性，是指孩子的内心体验与外部表现的一致性。

不少家长认为小孩子有情绪是正常的，孩子长大了，就会有所改观，会自觉地控制自己的情绪，不用操之过急。这种认识是不正确的，情绪调控是幼儿社会性发展的重要内容，并不一定会随着孩子年龄的增长而提高，其发展更多是教育培养、教育环境影响的结果，只有通过学习才能掌控情绪调控的能力，幼儿期又是情感教育的黄金期，所以，父母应注重幼儿情绪的调控，让孩子及时摆脱不良情绪，保持积极的心境。

管理孩子的情绪，首先要找到孩子情绪爆发的导火索。

孩子的情绪就像六月的天，说变就变，刚才还艳阳高照，不一会儿就大雨滂沱了。家长常常感到莫名其妙，不知所措，甚至是打骂孩子。这只会让孩子的情绪变得更加激烈。要知道任何情绪的发生都是有他的根源的、有生理基础的。比如，孩子累了、生病了，情绪就会不佳，很容易发脾气，如果父母不理解孩子，与孩子发生正面冲突，就会使孩子的情绪更加激烈。所以，此时最理智的做法是不要火上浇油，使孩子的情绪激化。

至于孩子发脾气的根源，很多都是我们成年人无法理解的，但在孩子看来，却是很严重的事情。比如，一个小男孩与父亲下棋，因为被父亲吃掉了炮，小男孩就突然将棋盘掀翻在地，并在棋盘上又跳又蹦，情绪非常激动。在成人看来，小男孩的行为太过激了，但对孩子来说，这却是他内心真实情感的表达。他想赢，当爸爸吃掉他的炮之后，他觉得赢的机会不大了，所以，就暴跳如雷了，孩子激动的情绪，正说明了他对赢的渴望程度之大。

对于孩子的这种行为，我们不是去制止他粗暴的发泄情绪的方法，而是应该改变孩子的性格。如果不改变他急躁的性格，下次遇到类似的事情，他还会暴跳如雷。寻根溯源，才能从根本上解决问题。

其次，接纳孩子的情绪。

孩子表达情绪的常用方式就是哭，父母总是认为孩子哭，是为了让父母屈服，从而达到自己的目的，所以，父母对于孩子哭的行为常常是不予理睬。但并不全是这样的。如果孩子边哭边观察大人的一举一动，往往是为了得到某种目的；如果孩子大哭，情绪异常激动，多是情绪的自然表露，父母就不应该采取置之不理的态度。

也有的父母非常反感孩子哭，孩子一哭，父母就会说："不许哭！"尤其是男孩子，父母觉得孩子哭是软弱的表现，也有的父母不让孩子哭是不想让自己心烦。一些孩子在父母的逼迫下，眼含热泪，却不敢发声，这样就达到目的了吗？这会使得孩子的情绪无处发泄，内心的焦虑、紧张、愤恨就会加剧，甚至引起孩子的抽搐，而这种不良情绪长时间得不到发泄，就会如火山一样，能量越积越多，早晚有一天会喷发出来。

所以，管理孩子的情绪首先要接纳，接纳的基础是理解，清楚孩子不会像大人一样掩饰自己的情绪，不高兴了就哭，高兴了就笑，这才是孩子纯真的一面，这是一种自然地流露，家长不应该去排斥它、反感它、压抑它。

需要注意的是，我说的接纳是接受孩子此时此刻的情绪，并不是对孩子的这种情绪听之任之，每次都要如此激烈地爆发，接纳是第一步，接下来我们应该教会孩子学会正确的宣泄情绪。

第三，教会孩子正确宣泄情绪。

每个人都有情绪，孩子更是如此，家长要做的不是控制孩子的情绪，逼迫孩子隐忍，而是教会孩子正确地宣泄情绪。人的情绪需要及时疏通，如果负面情绪越积越多，就会引发心理疾病。家长可以尝试下面的方法，来帮助孩子正确宣泄情绪。

方法一：积极倾听、倾诉法。

孩子心情不好，就会发脾气，摔玩具，大喊大叫，不停地哭泣。这是孩子常用的表达情绪的方式，就像有些成年人遇到烦心事会喝酒一样，我们首先应该理解孩子的这种行为，然后告诉孩子这种行为是不被人们接受的，是不受欢迎的。

"下次你有不开心的事情告诉妈妈好吗？"女儿小的时候，我经常这样提醒女儿，每当女儿说出心中的不快时，我都会很认真地听，轻轻地拍着她的肩膀，或者给她一个拥抱，等女儿说完了，她的坏情绪也消失了一大半。

当孩子有了负面情绪后，要鼓励孩子说出自己的感受，不要憋在心里，应该释放出来，在这方面，父母应做出示范，应向孩子主动谈论自己的情绪情感，与孩子一起探讨彼此的情绪感受。每次女儿倾诉完，我都会问她，你现在心里是不是好多了？这种倾诉后的舒畅感会让孩子记住，下次有了不顺心事，她就会主动来找你了。

方法二：转移注意力。

孩子情绪不佳时，父母应引导孩子将注意力转移到能使孩子感到自信、愉快的事情上来，比如运动。剧烈的运动能帮助孩子发泄消极情绪，轻缓的运动能控制孩子的情绪冲动。

方法三：真诚共情。

共情是一种心理咨询的方法，其意义是：关怀一个人，必须要了解他及他的世界。家长应该走进孩子的内心，以孩子的视角来看待发生的事情，然后给孩子以同情和理解，这对孩子的情绪舒缓是非常有帮助的。

家长帮助孩子正确宣泄负面情绪是有积极意义的，不过，我认为让孩子适当去体验负面情绪，自己从中摸索出应对办法，会更益处。

比如，孩子在与小朋友玩耍的过程中发生了矛盾，一些家长就会着急过去帮忙，我认为这是没有必要的。只要两个孩子并没有发生激烈的冲突，只是争吵两句，还是在旁边默默地看着比较好，孩子的世界里有他们自己的规则，他们会用自己的方法去解决问题，这对他们学会控制情绪，调控情绪是非常有帮助的。

比培养兴趣更重要的是什么

兴趣是最好的老师。我们总是认为只要孩子对某件事情感兴趣，就能学好它做好它，所以，在给孩子选择兴趣班的时候，我们会充分考虑孩子的兴趣，但有了兴趣不等于孩子就能学好。

通常孩子的兴趣是广泛的，今天想学钢琴，明天想学画画，后天又想学跳舞，到头来，什么都没有学成。不少家长误以为孩子并不是真的喜欢，或者说他们自己都不知道喜欢什么，所以才无法坚持下去，所以，家长们总是在尝试，希望能从孩子的各种"兴趣"中找到一种能让他一直坚持下去的科目。

我认为这样的尝试是徒劳的，因为问题的关键在于孩子没有毅力。没有毅力，不管有多大的兴趣，多大的潜能，都无法发挥出来，而兴趣则是可以通过毅力培养和巩固的。大家还记得《达·芬奇画鸡蛋》的故事吗？

达·芬奇在很小的时候就非常喜欢画画，于是，父亲就把他送到欧洲的艺术中心佛罗伦萨拜著名的画家和雕塑家费罗基俄为师。费罗基俄是个非常严格的老师，学画画的第一天，就让达·芬奇画鸡蛋，一画就是一天，达·芬奇都有些厌倦了。可谁知，第二天老师依然让他画鸡蛋，就这样，画了一天又一天。达·芬奇终于忍不住问老师为什么要他画这么久的鸡蛋？

费罗基俄回答说："要做一个伟大的画家，就要有扎实的基本功。画蛋就是锻炼你的基本功啊。你看，1000个蛋中没有两个蛋是完全一样的。同一个蛋，从不同的角度看，它的形态也不一样。通过画蛋，你就能提高你的观察能力，就能发现每个蛋之间的微小的差别，就能锻炼你的手眼的协调，做到得心应手。"

达·芬奇觉得老师的话很有道理，从此就更加认真地学习画鸡蛋，天天对着鸡蛋画，努力将各种绘画技巧融于其中。三年后，达·芬奇的手仿佛有了感觉，想画什么就画什么，而且是画什么就像什么。

实际上，孩子的兴趣也和达·芬奇画鸡蛋差不多，开始的时候兴趣高涨，但周而复始，天天重复，孩子就会感到厌倦，这是很正常的。此时毅力就显得非常重要了，有毅力的孩子坚持下来了，有了成就，没有毅力的孩子就放弃了，像狗熊掰玉米一样，又去尝试新鲜的事物，可到头来一事无成。

毅力是成才者必须具备的重要素质之一，古语有云："锲而舍之，朽木不折。锲而不舍，金石可镂。"可见，如何培养孩子"持之以恒、锲而不舍"的毅力是非常重要的。

培养孩子的毅力应从小事做起，从小养成习惯。

不积跬步无以至千里。孩子毅力的培养应从点滴的小事做起。从女儿三岁起，我就会要求女儿每天睡觉之前，将自己的玩具、学习用品收拾好。这虽然是个不大的事，但要让孩子养成习惯并非易事，女儿常常会找各种借口推脱，比如我困了，我累了，妈妈帮我一次吧。我对她的这种借口置之不理，每次都会严肃地告诉女儿"不可以"，有好几次女儿都是含着眼泪将物品收拾好。如今，女儿已经16岁了，无论什么时候走进她的房间，都非常干净整洁，而且她也养成了每天睡觉前收拾物品的习惯。

要陪孩子一起渡过难关。

不少家长跟我探讨过如何让孩子将兴趣班坚持学习下去的问题，下面这位叫小虎的男孩练习跆拳道的故事很有代表性。

小虎非常喜欢练跆拳道，看到小区里有大哥哥大姐姐练习，他也吵着要学。爸爸严肃地对小虎说："练跆拳道很苦很累的，如果你坚持学，爸爸会带你去，但是中途不能放弃。"小虎使劲地点了点头。

可是，只练习了两个星期，小虎就开始要赖皮，不肯再去练了。一到上课的日子，小虎就哭闹，可爸爸还是会硬拉着他去。爸爸觉得就这样半途而废不是让孩子养成虎头蛇尾的坏毛病吗？而且刚刚交了大把的学费，就这样放弃了，太可惜了。

虽然爸爸好好地小虎沟通了，也态度坚决地表示没有选择，必须练下去，可是每次小虎去上课，都要折腾一番，爸爸感到很头疼，于是，他问我该怎么办。我问小虎你喜欢练习跆拳道吗？小虎的脑袋摇得像拨浪鼓，我又问他为什么不喜欢，小虎说："那教练好凶，做得不好就会批评我。"

通过与小虎的对话，我发现问题的症结并不是出在孩子的兴趣上，而是感觉上，因为不喜欢教练。孩子刚刚学习，面对陌生的环境本来就有些恐惧了，如果教练再不能和颜悦色，就会加重孩子的紧张情绪。于是，我建议孩子的爸爸陪孩子一起练习跆拳道，并和教练多沟通一下，让他温柔一点对孩子。经过两个月的陪练，孩子对跆拳道的兴趣更浓了，现在能够高高兴兴地去练跆拳道了。

通过这个故事，我想告诉大家，当孩子打退堂鼓的时候，不要一味地认为孩子的毅力差，有时候是因为一些外界因素让孩子产生恐惧、紧张的情绪，导致他不愿意继续坚持下去，此时，父母要给予孩子心理上的支持，多陪陪孩子，帮助孩子克服不良情绪。

给孩子充分的时间一心一意地去做一件事。

有些家长急于求成，一下子让孩子学习很多东西，连周末都没有休息时间，孩子哪里有那么大的精力坐下来好好地去做一件事呢？所以，在相当长的一段时间里，只让孩子学习一个内容，让他一心一意地去做，对于培养他的毅力是非常有帮助的。

给孩子适当的鼓励与赞美。

人都有懒惰的时候，大人尚且如此，何况是孩子呢？当初我女儿学画画的时候，也有犯懒的时候，她会嘟着嘴对我说："妈妈，今天我不想去学画画。"此时，我会鼓励她说："好像好久没见你们高老师了，说不定她都想你了。"稍微鼓励一下她，她的心情就会高涨一些。

有些家长一听说孩子不愿意去上课，就会非常生气地说："你必须去，我花了多么多钱，你说不去就不去，不是浪费吗？"这样一来，就会激化孩子的情绪，即便被强拉着去，心情也是十分不爽的，学习效果就可想而知了。

如果我女儿走进画室之前，心情不是很好，等她出来的时候，我会特别地加上一句，"你今天的画画得不错呀！幸亏你来了，不然我就欣赏不到女儿的大作了。"这样一来，孩子就能体会到坚持是一种快乐，是一种令人愉快的心情。

让孩子吃点苦。

在物质条件过分优裕的环境中长大的孩子，从小没有受到什么挫折，没有吃过苦，大多缺乏毅力。所以，家长可以有意让孩子吃点苦。在这方面日本就做得比较好。日本的小学生会在没有老师带领的情况下，进行野外生存训练。这要是在中国，恐怕很多家长都会心疼得不得了。

其实，现在我们的孩子已经很少有苦吃了，就是想刻意地创造些条件都难，不过，有一个办法是十分简单且有效的。那就是让孩子进行长跑锻炼。长跑是最锻炼人的毅力的，有兴趣的家长可以试一试。对于家长来说，这也是一个挑战，是一个和孩子共同成长的机会。

最后，我要特别提到一点，父亲在培养孩子的毅力品质方面起着不可替代的作用。这并不是空穴来风，这一结论是杨百翰大学教授劳拉·帕迪拉-沃克和兰德尔·德在对325个家庭进行为期数年的追踪调查后得出的。他们发现，随着时间的推移，来自父亲的毅力品质使孩子能够在学校表现得更好，出现不良行为的概率也较低。

不过，并不是所有的父亲都能对培养孩子的毅力品质起到积极的作用，这要求父亲施行的是"权威型"教养方式，其满足三个基本要素：一是孩子要能感受到来自父亲的温暖与爱；二是父亲既要讲原则，又要讲道理；三是父亲应给孩子适当的自主权。

古人云：子不教父之过。看来，在这里也是十分适用的。

孩子人生的三次叛逆期，如何顺利度过

孩子的成长过程要经历三个叛逆期，第一个叛逆期出现在2岁左右，称为"宝宝叛逆期"；7岁左右，则来到人生的第二个叛逆期，称为"儿童叛逆期"；在12～18岁，会出现人生的第三个叛逆期，即"青春叛逆期"。不同的叛逆期有不同的个性发展、心理生理发展特点，父母了解这些特点，找到正确的应对方法，就能减少亲子冲突。

第一叛逆期——宝宝叛逆期。

孩子的第一个叛逆期出现在自我意识萌芽的时期，通常在2岁半～3岁左右，不过随着生活水平的提高，孩子变得越来越聪明，很多孩子在1岁左右就开始表现出"叛逆"了。

嘟嘟两岁了，脾气也见长了，不管爸爸妈妈说什么，嘟嘟都会不假思索地回答"不""就不"，什么事情不顺着嘟嘟来，嘟嘟就会大声地哭闹，甚至会狠狠地摔他的玩具，来表示抗议。爸爸妈妈很担心：这么小的孩子，就这么大的脾气，将来长大了，可怎么办呢？

嘟嘟的行为是典型的叛逆期表现，这是孩子从意识上最早开始的与父母的分离。孩子开始形成自己的想法和态度，学会说"不"说明他长大了。如果孩子出现每次发脾气就摔东西的行为，父母应该反思，是不是自己平时对待孩子总是采取简单粗暴的方式，使得孩子也采取同样的方式给予回应呢？

很多父母对处于叛逆期的孩子都感到很头疼，对待他们，不应该采用限制的方法，而是在充分了解孩子发展特征的基础上，给予接纳与引导。下面我们就来了解处于第一个叛逆期的宝宝有哪些发展特征。

发展特征一：感受到了更多的情绪，有些不知所措。

2岁孩子的智能比体能发展得快，他们已经有很多的想法了，但是语言表达能力有限，无法正确地表达自己的想法，有些事情他们已经清楚如何去解决，却无法付诸行动实现，这些都会让孩子很"受伤"，为此发脾气。

比如，我们看到孩子在搭积木，开始的时候还很高兴，不一会儿，他就可能大发雷霆，大哭起来，或者把搭了一半的积木推倒。对于孩子的这些"怪异"行为，父母常常会责备孩子，认为孩子性情太暴躁，其实不然。

孩子出现这些行为，可能是因为他认为自己想象的与他动手做出来的有些差别，他不知道该怎么办，产生了挫折感，从而导致了情绪失控。身为父母要理解孩子，你可以对他说："宝宝，你心情是不是不好啊！"对孩子表示同情，使他的情绪得到安抚，然后鼓励他用语言表达挫折和愤怒，如果他不能正确地表达出自己的感受，你可以试着问他："是不是因为积木没有搭好，你生气了？"

你对待他的方式，就是他学习如何处理情绪的对象，接下来，你可以和孩子一起去完成，帮助孩子找到解决问题的办法。

发展特征二：凡事坚持自己来，要自己当家做主。

心理学家艾瑞克森认为，1～3岁是人格发展成"活泼自动"或"羞愧怀疑"的关键。这个时候，儿童必须要学会自主，自己吃饭、穿衣、大小便等，如果孩子无法独立自主，他们就可能感到羞愧，怀疑自己的能力。

他们一旦发现自己能做很多事情了，他们就变得自信，很多事情都要自己来做。比如坚持自己过马路，坚持自己洗衣服等，如果你不要他干，他就会大发脾气了。一些不了解情况的父母会粗暴地制止孩子的独立行为，这就压抑了他自发性探索的欲望，使孩子长大了，没有自己的主见与思想。

正确的做法应该是给孩子提供安全的环境，将一些能给他带来伤害的物品收起来，让孩子尽情地去探索，只要是对孩子没有危险的事情，都可以让他勇敢地尝试。这需要父母有一定的耐心，因为很多事情孩子还做不好，会越做越糟糕，给父母带来一些麻烦，而且有些事情还需要父母在一旁指导，比如孩子要自己去洗手，你要在一旁指导他如何洗手才不会把袖子弄湿，这远比你给他直接洗手要费事得多，但这是孩子成长必须要经历的过程。

发展特征三："不"成了口头禅。

这个时期的孩子最爱说的一个字就是"不"，这是孩子成长的表现，当他们发现自己能够拒绝大人的指示后，他们会感到无比的自豪，继而出现了更多的反抗行为，无论父母说什么做什么，他都会统统地拒绝。

面对如此难缠的孩子，父母该怎么做呢？面对孩子的不合理要求，你可以视而不见听而不闻，让孩子意识到自己的行为是不被父母允许的，以免与孩子发生正面的冲突，如果孩子执意要做，如果是必须要遵守的规则，就应该坚决不能让步，要让孩子知道有些规则是必须要遵守的。

在这里，给大家介绍一个应对孩子爱说"不"的方法，你可以给孩子提供两种选择，比如，孩子不好好吃饭，如果你说快点吃，他肯定会说"不"，这时你不妨换一种说法，"宝贝，你是吃米饭，还是吃馒头？"

这样一来，一方面父母可以对孩子的行为做到良性引导，另一方面，孩子也不会产生被控制感，还有利于帮助孩子建立积极的自我。当然，有时候孩子可能不会按照我们设想的那样选择，他可能会提出第三种方案，如果是你不能接受的，就直接告诉孩子，然后重复你给出的选择，让孩子来决定。

给孩子的一定的选择权和民主，是应该的，但不能过于民主，比如有的父母经常会问孩子"这样好不好""这样行不行"，多数情况下，孩子都会回答"不好"、"不行"。这样做其实是被孩子左右，而不是引导孩子的行为。

发展特征四：以自我为中心。

这个时期的孩子，除了经常会说"不"以外，还经常说到的一个词就是"我的"。家里来了小朋友，他不允许别人碰他的玩具；吃饭的时候，霸占着碗筷，因为这是"我的"。此时的孩子还无法理解每个人都有不同的想法，他们以自我为中心，以为他喜欢的东西，全世界也都喜欢。

孩子以自我为中心，一是这个年龄段的孩子成长必经的过程，二是现在的家庭多是一个孩子，家里的大人都围着孩子转，特别是一些老人，对孩子言听计从，拿着任何东西都会对宝宝说："这是宝宝的。"宝宝自然认为自己是家里的中心、众人的焦点。

所以，父母应该少给孩子一些关注，对待孩子不愿分享的行为，切不可操之过急，强制孩子怎样做，而是应该慢慢引导。每个人成长都要经历这一过程，并不是父母生硬地纠正就可以改正的，如果采取生硬的态度只会让孩子受伤害，对他未来的成长是不利的。

发展特征五：变得更为依赖。

在上面我提到此时的孩子变得独立自主，不过有的孩子也会呈现出另一个极端——更依赖。以前很勇敢的孩子，不怕陌生人，见谁都能嘻嘻哈哈，打成一片的孩子，突然变得胆小，见到陌生人就会躲进父母的怀里，不敢说话。为什么会这样呢？

因为孩子在探索世界的过程中，他发现有很多事情比他想象得要复杂，他不那么自信，感到不安，所以，他会表现出对父母的更多依赖。另外，也有可能是他的想象力开始发展，比如，你会发现三岁的孩子不敢走近没有开着灯的房间，他觉得黑暗中会有大怪兽，想象出一些现实生活中根本不存在的东西。

对于孩子的这些表现，你应该允许孩子黏着你，他需要从父母这里获得足够的安全感，才有勇气继续去探索世界。当孩子表现出恐惧、害怕时，不要责备他，不要问他为什么，因为他可能根本说不清楚，你要做的是理解他，认同他的感受，然后帮助他克服。

我女儿小的时候就特别怕黑，不敢走进没有开灯的房间，她说那里面有坏人，有大怪兽，我就对她说："妈妈知道你害怕黑，其实妈妈小时候和你一样，也怕黑。"女儿听了我的话，吃惊地看着我问道："真的吗？"

"是的，后来我听姥姥说，只要喊着妈妈，走进黑暗的房间，人就会变得勇敢。"我善意地欺骗了女儿，女儿谨小慎微地地说："那我试一试吧？"从那以后，女儿每次走进没开灯的房间，都会大喊"妈妈"，后来，她就再也不怕黑暗了。

我相信家长朋友们只要读懂了孩子叛逆行为背后的心理需要，学会尊重孩子，就不会有那么多亲子冲突了，父母与孩子的关系就会更和谐，尤其是在宝宝的第一个叛逆期，父母更应该有足够的耐心，一起陪他度过那个令他困惑不安的时期。

第二叛逆期——准大人期。

有句话叫"七八岁，讨狗嫌"，说的就是孩子的第二叛逆期——准大人期。第二叛逆期出现在7～9岁，这个阶段的孩子不同于婴幼儿时期的宝贝，他们认为自己已经"是一个成人，是一个小大人了，不再是孩子了"，做事情不愿意父母过问，走路的时候不喜欢父母拉手，不允许父母叫自己小名，要求叫他的全名；总是喜欢跟家长对着干，家长不让做的事情，偏偏要去做，故意恶作剧等。

老舍先生在他的小说《牛天赐传》里对"准大人期"的孩子有过一段生动的描述：

"黄绒团似的雏鸡很美，长齐了翎儿的鸡也很美；最不顺眼是正在换毛时期的：秃头秃脑翻着几根硬翅，长腿，光屁股，赤裸不足而讨厌有余。小孩也有这么个时期，虽英雄亦难例外。'七岁八岁讨狗嫌'，即其时也。因为贪长身量而细胳臂蜡腿，脸上起了些雀斑，门牙根据地作'凹'形，眉毛常往眼下飞，鼻纵纵着。相貌一天三变，但大体上是以讨厌为原则。外表这样，灵魂也不落后。正是言语已够应用的时候，一天到晚除了吃喝都是说，对什么也有主张，而且以扯谎为荣。精力十足，在万不得已的时候才翻着跟头睡觉；自要醒着手就得摸着，脚就得踢着，鞋要是不破了便老不放心。说话的时候得纵鼻，听话的时候得挤眼，咳嗽一声得缩缩脖，骑在狗身上想起撒尿……"

这个阶段，孩子的脾气、秉性会突然发生转变，逆反心理非常强，因为孩子进入小学后，学到了很多知识，他们急于证明自己长大了，所以他们会开始要求独立，行为上想要脱离父母的掌控，说话做事都像个小大人。

如果父母意识不到孩子已经"长大"，对待他的方式还像以前一样，那么，与孩子发生冲突的机会就大大增加了。此时，家长要转变孩子的教养方式与互动模式，不能再采用一言堂的方式，遇事要多和孩子商量，给孩子一定的自主权。当孩子遇到困难时，父母要及时给予正确的引导。

此时父母与孩子发生争吵的导火索多出现在学业问题上。孩子已经上了小学，但不少孩子因为没有养成良好的学习习惯，所以对学习很不上心，常常需要父母的监督才能勉强做完作业，做作业时也会三心二意，不肯安下心来，踏踏实实地做。孩子的这些表现常常会让父母着急，而这时孩子的叛逆心理又很强，不愿意父母插手，于是，父母与孩子的冲突就加剧了。

解决这一问题，首先家长要放下架子，和孩子好好沟通，对孩子的要求也不要过于苛刻，不良习惯的养成并非一朝一夕的事情，要想纠正孩子的坏毛病就要循序渐进，一口吃不成胖子，操之过急，孩子就会对改正自己的错误没有信心，而且还会与父母对抗着来，得不偿失。

第三叛逆期——青春期。

12～15岁，孩子就进入了人生的第三叛逆期——青春期，也是令家长最为头疼的一个时期。青春期的孩子虽然身体发育已经成熟，但心理发育尚未成熟，所以，他们时常会感到纠结。孩子开始有了更多的情绪体验，父母的感觉就是孩子像个火药桶，一天到晚的"烦着"呢，一点就着。此时，最令父母感到焦虑的问题莫过于三个：亲子沟通、学习问题、早恋问题。

首先来说一说亲子沟通的问题，孩子进入青春期之后，父母明显感觉孩子在家里说话少了，回到家就把关在自己的房间里，做作业、玩电脑，很少像以前一样，和父母坐在一起聊聊天，说一说学校里的事情。有时候父母出于关心，会在吃饭的间隙问问孩子的学习生活情况，他们也会非常不耐烦，甚至顶撞父母。虽然孩子对家长是惜字如金，但和同学说的话却很多，一个电话可以打上半个小时，还意犹未尽。

很多家长感到困惑，为什么孩子不愿意与家长沟通呢？我做过不少亲子关系的心理咨询案例，孩子们说得最多的就是"父母太自以为是，居高临下"。很多家长认为孩子小，社会阅历少，对他们的观点、看法常常不屑一顾，比如家长们经常会说："你知道什么呀？我吃过的盐比你吃的饭还多呢！"这句话是很伤孩子自尊心的。

家长和孩子沟通时不能只是一本正经地说教，家长要了解孩子的心理，知道孩子想什么，多了解他们的兴趣，从一些感兴趣的话题入手，进行引导教育，而不是单纯以长辈、教育者的身份来教育孩子，这会让孩子非常反感，即便你说得很对，他也不愿意听。

其次是学习问题，进入青春期的孩子已经上了初中，正是学习的关键时期，不少父母希望孩子能在初中三年好好学习，争取考上重点高中，为将来上一个好大学做好充分的准备。所以，不免会为孩子的学习着急，不厌其烦地督促孩子的学习，这会加剧亲子冲突。

作为父母光逼着孩子学习，给孩子报各种各样的补习班，是没有用的，学习的主体是孩子，如果孩子不爱学习，你无论多么努力都是白费力气。家长不妨和孩子一起来制订一个学习计划，不要让孩子有太大的压力，让孩子一步步来，取得了成绩，父母要及时给予鼓励。另外，初中的学习虽然比较紧张，但适当的娱乐与休息还是十分必要的，应该尊重孩子玩耍的权力，劳逸结合，既有利于孩子成长，又有利于孩子学习。

第三个问题是早恋，这是让很多父母谈之色变的问题。以下是我做咨询的一个真实案例：

有一位妈妈说，自从女儿上初中后，她就十分担心孩子的早恋问题，女孩子和男孩子不一样，更应该看紧点。可是让她担心的事情还是出现了。初二的时候，她发现女儿每天都会写日记，而且还会把日记本锁在抽屉里，不给她看。她过生日的时候，还收到了一个男生送的礼物。看到女儿的细微变化，这位妈妈的心理就开始打鼓。

有一次，她发现女儿和一个男孩子并肩走在路上，两人有说有笑，男孩子一直把女儿送到楼下。回到家里，妈妈就质问女儿是不是恋爱了，女儿坚决否认，可是这位妈妈却一口咬定女儿恋爱了，并拿出她那些所谓的"证据"，女儿被气得满脸通红，一气之下，离家出走了。

谁都有过青春期，都有过朦胧的"爱恋"。处于青春期的孩子对异性产生异性好奇、好感，想接近异性是正常现象，家长不必大惊小怪，而且你越是敏感，越是担心，越会造成你与孩子之间的关系紧张。实际上，很多孩子并没有早恋，只是与异性的正常交往，却被父母误判为"早恋"，这反而会让孩子逆着来，"你不是说我早恋吗？那就早恋给你看看。"

特别是一些女生的家长更是谨小慎微，生怕女儿在外面遇到了坏人，家长的这种心情是可以理解的，但早恋防是防不住的，家长应该给予正面的引导。我女儿青春期的时候，我给她买了一本青春期教育的科普读物，因为我知道如果我直接给她讲，一来她会不好意思，二来会激起她的反感。我只是悄悄地把书放在她的书架上，什么都没有说，我相信她自己会看。

对异性的好奇每个人都会有，与其让懵懂的孩子去接触一些不良信息，不如给他买一本好书，让他自己去看，这比你喋喋不休的说老半天强多了。只要把书放在他的书桌上就好，什么都不用说，他会明白你的心意，也会去看的。

如果孩子已经有早恋的倾向或者已经早恋，父母更应该加以正确的引导，千万不要一味地指责。有些父母觉得孩子早恋了，就是"可耻的""伤风败俗的""不要脸的"，这些带有侮辱的字眼千万不能和孩子说，而且父母有这样的认识本身就是错误的。

对于孩子早恋的问题，首先，父母要转变观念，不要把纯洁的异性友情视为"早恋"，要走进孩子的内心世界，了解孩子，不要轻易给孩子扣上早恋的帽子。

其次，给予孩子充分的尊重和理解，允许和鼓励孩子与异性正常交往，此时孩子的逆反心理强，你越是抵制，他越会反抗。聪明的父母应该教会孩子如何与异性正常交往，并尊重孩子的个人隐私，不偷看孩子的日记，对孩子的朋友不要指三道四，要经常与孩子聊天，做孩子的知心朋友。

最后，如果孩子已经"早恋"，不要对孩子的早恋行为粗暴的干涉，在与孩子沟通之前，先要平复好自己的情绪，不可激怒孩子，使其逆反。

有一位爸爸在发现儿子早恋之后，他跟儿子说的第一句话竟然是"我支持你恋爱，但前提是不能荒废了学业，不能做出越轨之事。"爸爸的话让孩子吃了一惊，他本以为父亲会严厉地责骂他，甚至打他，如果那样他一定会继续恋爱下去，可听到父亲这句话后，他反而不知该怎么办了，他感到十分的困惑，思来想去，他决定和爸爸好好谈一谈。

爸爸听了孩子的讲述之后，并没有急着评判，而是给孩子讲了自己的"恋爱"故事，告诉孩子，"苹果只有到了成熟的季节，才会甘甜，过早摘苹果的人，吃到的都是苦涩的，但这又是充满诱惑的，所以，只有那些认清自己的目标，抑制住诱惑的人，才能享受到甘甜。"后来，这个男孩子和女孩停止了交往，将精力发在了学习上。

这是一个很聪明的爸爸，因为他知道早恋的问题犹如大禹治水，堵不如疏。

孩子的一生要经历三个叛逆期，不同时期的孩子有不同的困扰，对于他们的不听话、叛逆，父母要有清醒的认识，根据他们的变化，采取不同的教育方式，尊重、理解与爱是帮助孩子顺利度过叛逆期的关键。

第五章
发现孩子身上的宝藏

每个孩子都是天才

受传统教育的影响，不少家长判断孩子是否聪明，往往以他的学习成绩为标准，学习成绩好，就是好学生，是聪明的孩子，无论是在家里还是在学校里，都能受到良好的待遇；学习成绩不好，就是坏学生，笨孩子，家长黑脸，老师嫌弃。

我们知道，学校教育比较偏重学生在逻辑——数学和语文（主要是读和写）两方面的发展，传统智力理论认为语言能力和数理逻辑能力是智力的核心，智力是以这两者整合方式而存在的一种能力。所以，家长、老师以孩子的学习成绩来判断一个孩子的智商就不足为奇了。虽然近些年来，我们一直在提倡素质教育，促进孩子的全面发展，但要使传统的观念得到彻底的改观并非一件容易的事情。

作为家长，我们应该认识到自己孩子同他人的差异性，不能因为孩子学习成绩不好就否定孩子。天生我材必有用，之所以会认为孩子没有成才，那是因为你没有找到孩子的优势、潜能。著名的教育家陶行知老先生曾经说过："人像树木一样，要使他们尽量长上去，不能勉强都长得一样高，应当是：立脚点上求平等，于出头处谋自由。"也就是说，教育孩子要做到因材施教，在这一方面，童话大王郑渊洁教育儿女的故事很值得我们学习和借鉴。

郑渊洁认为传统的学校教育存在着诸多弊端，无法使孩子得到个性的成长与发挥，所以，在他的儿子郑亚旗小学毕业之后，就没有让他继续学业，而是由郑渊洁亲自当老师，在家教育儿子。

　　为此郑渊洁编了一整套的教材，包括写作篇《舒克给你一支神来笔》、数理化篇《五角飞碟折腾数理化世界》、哲学篇《鲁西西和苏格拉底对话录》、性知识篇《你从哪里来，我的朋友》、道德篇《罗克为什么不是狼心狗肺》、史地和艺术篇《309暗室之木门》、金融篇《点铁成金术》、安全自救篇《再送你100条命》、法制篇《皮皮鲁和419宗罪》。

　　郑渊洁认为在家教孩子，最大的收获就是能发现孩子身上的长处，给他创造条件和机会，这是学校不可能做到的。在他的培养下，郑亚旗很有自信，做什么事情都非常从容。从18岁起，郑亚旗就开始自立，不仅不要老爸的一分钱，还会每个月向家里交房租水电费，为了赚取生活费，他会到超市里搬运货物。

　　在21岁的时候，郑亚旗在一家报社当技术部主任，做得得心应手，因为他从十几岁起就开始鼓捣电脑。不过，他的第一桶金来自炒股，他凭借自己的能力赚钱买了奥迪A6，他喜欢追求时尚，他用的很多东西都是名牌，也算是小有成就吧。

　　从郑亚旗身上，我们看到的是自信、勇敢、坚强、多才多艺。他可以在超市当搬运工，也可以把电脑玩得很帅，担任报社的技术主任，还精通炒股，无论每一件事情，他都能做得很好，其原因就在于父亲的因材施教，发现孩子身上的长处，给他创造条件与机会，使其最大限度的发挥。

　　看过郑渊洁培养儿子的故事，你还会觉得孩子学习成绩不好就是笨吗？在学生中流传着这样一句顺口溜——学好数理化，不如有个好爸爸。我认为这里的"好爸爸"不是指家财万贯，人脉亨通的人，而是一个了解孩子，懂得因材施教的人，这是孩子成才非常关键的因素。

身为家长，我们应该认识到学校学习的那些课程并不是人类智能的全部，不同的人会有不同的智能组合，比如运动员的肢体运作智能就很强，建筑师的空间智能较强等。我们家长不能认为孩子学习成绩不好，就完全否定孩子，给孩子扣上一个"笨"的帽子，这会让孩子变得自卑，做任何事情都没有信心，即便他在某一方面有很高的智能，也很难成功。

那么，人类都有哪些智能呢？20世纪80年代哈佛大学认知心理学家加德纳提出了"多元智能理"论，定义智能是人在特定情景中解决问题并有所创造的能力。他认为我们每个人都拥有八种主要智能：语言智能、逻辑—数理智能、空间智能、运动智能、音乐智能、人际交往智能、内省智能、自然观察智能。

语言智能。

语言智能主要是指有效地运用口头语言及文字的能力，即指听说读写能力，表现为个人能够顺利而高效地利用语言描述事件、表达思想并与人交流的能力。这种智能在编辑、节目主持人、播音员、作家、演说家、记者、律师等职业上有更加突出的表现。

逻辑—数理智能。

逻辑—数理智能强的人适合从事与数字有关的工作，他们学习时靠推理来进行思考，喜欢提出问题并执行实验以寻求答案，寻找事物的规律及逻辑顺序，对科学的新发展有兴趣。

空间智能。

空间智能强的人对色彩、线条、形状、形式、空间及它们之间关系的敏感性很高，感受、辨别、记忆、改变物体的空间关系并借此表达思想和情感的能力比较强，表现为对线条、形状、结构、色彩和空间关系的敏感以及通过平面图形和立体造型将他们表现出来的能力，能准确地感觉视觉空间，并把所知觉到的表现出来。

空间智能可以划分为形象的空间智能和抽象的空间智能两种能力。形象的空间智能是画家的特长；抽象的空间智能是几何学家的特长；建筑学家则是形象和抽象的空间智能都擅长。

运动智能。

运动智能是指善于运用整个身体来表达想法和感觉，以及运用双手灵巧地生产或改造事物的能力。这类人很难长时间坐着不动，喜欢动手建造东西，喜欢户外活动，与人谈话时常用手势或其他肢体语言。他们学习时是透过身体感觉来思考。

这种智能主要是指人调节身体运动及用巧妙的双手改变物体的技能，表现为能够较好地控制身体，对事件能够做出恰当的身体反应以及善于利用身体语言来表达自己的思想。舞蹈家、运动员、外科医生、手艺人的运动智能较强。

音乐智能。

音乐智能主要是指人敏感地感知音调、旋律、节奏和音色等能力，表现为个人对音乐节奏、音调、音色和旋律的敏感以及通过作曲、演奏和歌唱等表达音乐的能力。这种智能在作歌唱家、乐师、曲家、指挥家、乐器制作者、音乐评论家等人员那里都有出色的表现。

人际交往智能。

人际交往智能是指能够有效地理解别人及与人交往的能力，包括四大要素：一是组织能力，包括群体动员与协调能力；二是协商能力，指仲裁与排解纷争能力；三是分析能力，指能够敏锐察知他人的情感动向与想法，易与他人建立密切关系的能力；四是人际联系，指对他人表现出关心，善体人意，适于团体合作的能力。

内省智能。

内省智能主要是指认识到自己的能力，能正确把握自己的长处和短处，把握自己的情绪、意向、动机、欲望，对自己的生活有规划，能自尊、自律，会吸收他人的长处，会从各种回馈管道中了解自己的优劣，常静思以规划自己的人生目标，爱独处，以深入自我的方式来思考，喜欢独立工作，有自我选择的空间。这种智能在优秀的政治家、哲学家、心理学家、教师等人员那里都有出色的表现。

内省智能可以划分两个长层次：事件层次和价值层次。事件层次的内省指向对于事件成败的总结。价值层次的内省将事件的成败和价值观联系起来自审。

自然观察智能。

自然观察智能是指能认识植物、动物和其他自然环境(如云和石头)的能力。自然智能强的人，在打猎、耕作、生物科学上的表现较为突出。自然探索智能应当进一步归结为探索智能，包括对于社会的探索和对于自然的探索两个方面。

其实，每个人的身上都具有八大智能，只不过每个人在这些智能的表现上会有些差异，比如有的孩子运动智能比较强，而语文智能比较弱；有的孩子音乐智能强，逻辑—数理智能较弱，但我们不能因为孩子某一方面弱，就否定他，武断地认为他笨。

更多的时候，不是因为孩子笨，而是因为我们没有正确解读孩子的潜能，没有发现我们的孩子在某一方面原来是个天才，所以想让孩子当那发挥天才的20%，还是做那终生不得志的80%，关键在于父母！

请父母们记住一句话："天生我材必有用"适用于每一个孩子！

你了解孩子的先天特质吗

古时民间有"龙生九子不成龙，各有所好"的传说，用来比较同胞兄弟的良莠不齐。关于这一点，不少家长也深有体会，有些家庭里有两个孩子，他们虽然是一奶同胞，但性格、秉性却有很大的差异。

我认识一位朋友，她有一双令人羡慕的儿女，可这两个孩子却有很大的不同。老二是个女孩子，从小就非常乖巧听话，可老大儿子小林从小就让她操碎了心，他的很多行为都让妈妈非常不理解。

比如，带小林去一个陌生的环境，他会躲到桌子下面不肯出来；无论是在家中，还是在幼儿园，他都很少与人交流；有时候他会一些稀奇古怪的问题，问爸爸妈妈某些成分的化学式，同样的问题他也问过老师，但当时所有的人都认为这个孩子是在搞怪，基本不去搭理他。

我的这位朋友怀疑小林患有心理疾病，就带儿子去医院检查，结果诊断为高功能自闭症儿童。当读者看到这里时，或许不少人会认为这个孩子将来应该不会有出息了。但是我想告诉大家的是，后来小林跳着级如同坐火箭般地考上了一所名牌大学。

这个故事的结果太出乎意料了，你一定想知道是如何做到的吧？先不要着急知道答案，我们首先来思考一下，如果这个孩子是你的，你会如何对待与引导呢？

有数据证实，模仿性学习的人在整个社会群体中占据了近一半的份额，因而很多天赋异禀的孩子在很多时候按照多数人的理解就是异类，小林就是"异类"之一。还记得电视剧《大宅门》里那个调皮捣蛋的景琦吗？上房揭瓦，打架放火，被胖揍一顿后扔不失捣蛋本色。如果没有碰到后来的那个老师，他或许要么惨死于老妈的棍棒之下，要么成长为街边古惑仔。

思维方式的不同、社会体制的约束，以及沉重的生活压力，使得人们没有时间和精力走进孩子的内心，总是习惯按照自己的方式去要求或者理解孩子。这对于大部分模仿型孩子来说是可行的，但对于另一部分如逆思型或是强烈认知性的孩子并不适应。

每个孩子的学习风格都是不同的，总体来说，孩子的学习风格可大致区分为以下四种类型：（这一结论是依照遗传学及统计学多年的研究归纳得出，相关内容会在后面的章节中详细叙述。）

模仿型。

特质说明：以模仿为主，拥有复制的能力，容易受到他人的影响。对于此类型的孩子，培养正确的是否观念是关键。

我们经常说父母是孩子的榜样，因为父母是孩子主要的模仿对象，如果大人的言行不当，孩子就会模仿，很快学会，比如有的孩子说话经常带有的口头禅，往往就是从父母那里学来的。

认知型。

特质说明：以认知为主，拥有探索精神，什么事情都以自我为中心，希望自己去发现、领悟，常常被误以为太主观，不易沟通。

对于这样的孩子，父母要避免一言堂，应该以朋友的方式对待孩子，多让他思考，少给他答案，给他更多的自由，充分的尊重孩子，遇事多和孩子商量着来。

逆思型。

特质说明：以反向思考为主，个性倔强，拥有创新的能力，思考方式往往与人不同。对于这类孩子切勿以强迫、打骂的方式逼其就范。

这种孩子通常是老师、家长比较头疼的那种，不过我认为如果你的孩子是逆思型的，你应该感到高兴才对。虽然孩子的一些行为与常人不同，但他拥有非常强的创新能力，具有发明家的潜力。他们的思维方式往往与常人不同，经常会从意想不到的角度来思考问题，甚至会让老师、家长觉得可笑。

当年，牛顿坐在树底下被苹果砸了一下，就砸出了个地球万有引力定律，如果换做是一般的孩子，恐怕拿起苹果就咬下去了。所以，我们应该理解、支持孩子，他与别人不同，不代表他是错误的，真理往往集中在少数人手里，或许他的独树一帜是正确的呢？所以，请不要强迫孩子顺从你、屈服你。

开放型。

特质说明：以开放思考为主，拥有大量吸收能力，给他多少，他就吸收多少，尤其是0～10岁是重要的关键时期。

开放型的孩子就像海绵，吸附能力超强，无论你给他多少知识，他都能全盘接受，不要担心孩子会累，他其实正乐此不疲呢！对于这类型的孩子，家长要尽可能地培养他的广度、力度，否则，孩子的潜能就会被浪费了。

由此看来，每个孩子都是与众不同的，当你发现你的孩子不一样时，千万不要轻易地定义你的孩子有问题，每个孩子都会带着自己的问题，同样，每个孩子都带着自己的特质！

从遗传的角度来讲，孩子的先天特质中一定有与父母类似或是相同的成分，从后天教化中说，孩子在模仿期间的学习一定最多是来自于父母和家庭。所以，当想让孩子突破父母更有成绩的时候，就一定要看到属于孩子自己的那部分先天特质。

虽然有很多的父母看到了，却无法理解。现代社会的生存压力有时候让父母自己都喘不过气，回家后看到一个上蹿下跳的孩子难免怒从心头起。于是就开始抱怨为什么人家的小孩都是乖宝宝，自己家的就是个孙大圣，更有甚者会觉得孩子是不是得了多动症之类的疾病。

同样，学校的老师对待这些特殊的孩子也很头疼，因为这些孩子会破坏班里的整体气氛，他们上课不老实、下课到处窜。而事实情况也有可能这种是属于体觉特别好的孩子。他们唯有这样才能有安全感，唯有这样才更有学习效率。记得美国有部电影《阿基拉》，那个女孩在完成高难度拼字的时候一定要在跳绳中才能找到最佳的感觉。

这样的例子不仅出现在电影中，其实在我们的生活中也有。有一个十分苦恼的爸爸就找到我，他跟我说，他家的孩子每次做作业的时候，都会把音乐开得很大声，有时还会边做作业边哼歌，一副摇头晃脑的样子。虽然孩子在学校的成绩很好，但是这位爸爸认为这是个坏毛病，一定要孩子纠正，要他学习的时候就安安静静的，不准听音乐。在爸爸的督促下，这个孩子勉强坚持了一个学期，可到了学期末，孩子的学习成绩却一落千丈，考砸之后，孩子离家出走了。

我们成年人总是习惯按照已有的经验、固有的思维模式来要求孩子，只要孩子与自己的心理预期是不同的，就会认为孩子的言行不当，应该按照自己的方式来。早在几千年前，老祖宗们就提出要因材施教。天生我材必有用，因材施教的重点首先应该是找到"材"，没有"材"，施教就是无的放矢。每个孩子都是与众不同的，都是一颗耀眼的星星，都有其自身的闪光点，关键是你清楚孩子的闪光点在哪里吗？

有一个孩子在谈到爸爸妈妈对自己的教育时说了这样一句话：从前有两只鸡，自己飞不起来，于是就去下了个蛋，孵出个小鸡，然后逼着小鸡去飞。

那么，小鸡能不能飞呢？小鸡其实是能飞的，只是飞多高、飞多远，以及高不高兴飞的问题。

比如你手上有块圆形璞玉，最佳的雕琢方式是因其型而做，你一定要把它做成方形的，可不可以？答案当时是肯定的，无非就是多裁掉些边角，让其最后呈现的价值小一些而已。

玉当然可以随意雕琢，它不会因为你少赋予了它价值多裁去了它的边角而痛苦。人，就不同了！

DIG多元智能检测助你发现孩子潜质

孩子的潜质你知道吗？先懂孩子，再教孩子。

如何知道以后孩子未来的职业趋向？

如何了解孩子大脑潜量？

如何了解孩子的学习风格以及个性特质？

其实，每个孩子都是聪明的，都拥有独特的资质与潜能，只是智力分布的特点和智力组合方式不同。都是人才，都能成才，但往往做家长的不了解孩子拥有哪种天赋。家长该如何做，才能更好地了解孩子的大脑功能呢？更好地了解孩子呢？

DIG多元智能测评，能够帮助家长测出孩子先天多元智能，为因材施教提供依据和参考，那么，什么是DIG多元智能测评呢？DIG多元智能测评是一种通过人的体表肤纹特征（主要是指纹）来分析人的大脑整体及各功能区块的潜能大小、结构、活跃程度以及发展趋势的分析测评技术。

听起来是不是很神奇、有趣？可它真的有作用吗？我想这是很多家长担心的问题，我先来讲一个检测会员的真实案例，让大家对DIG多元智能测评有一个直观的了解。

2015年，对于我们家来说是个很重要的年份。

7月份，我和孩子爸爸结束了两地分居的生活。孩子5岁了，需要爸爸妈妈的陪伴。就在我们憧憬团聚的幸福生活时，问题随之而来。

我从原单位离职后，暂时没找工作，承担了家务活。烧早饭、买菜、拖地、洗衣服、整理房间、陪孩子玩游戏、讲故事，一直是很紧张的节奏，但是老公回来，第一句就是："你在家忙什么了，家里咋这么乱？"

第一次这么说，我忍了；继续努力，但老公依然不满意，我有点火了；再努力，还是不满意，我爆发了。从此以后，争吵不断。我也变得敏感、紧张，家务活的问题被延伸到方方面面，跟老公之间到了无法交流的地步，孩子也是在察言观色中小心翼翼地过着日子。

就这样持续了一个月，我几乎到了崩溃的边缘。一次偶然的机会我听说了熊大教育多元智能检测后，像抓住了救命稻草似的，无论如何都要做个检测，试一试。

于是，熊大来南通出差时，我们去她入住的酒店做了多元智能检测。经过十天的等待后，报告出炉了，我也从报告中找到了问题的答案！

先看角度值：正常范围是30～50，多数人是42～45。而我的是

188

46～50，老公的是34～34。从数值来看，我们俩做事的标准就是两个极端。比如叠衣服，我叠出来的是凌乱的"小土堆"，他叠出来是有型的"房屋"。

我的体觉功能是X，开放型的特质，有教有会，不教就不会。小时候要是被要求过，也许会很强。但从小到大，从未做过家务活，所以现在做事笨手笨脚。别人三下五除二就结束了，我折腾半天还未见雏形。而这个功能区又是老公的强项。

经过这么一分析，我不再觉得老公是在找麻烦，老公也不再觉得是我在偷懒。双方都接纳了对方，从此再也没有争吵过。

多元智能检测帮我们找到了藏在内心深处的生命密码，也让我们意识到做检测的意义，如果我和老公能够早点认识到自己，就不会有这么多的误会。如果孩子小的时候就能做这样的检测，就能够根据孩子的特质"因材施教"，不会强迫他做不喜欢的事情。

每个孩子都是天使，他们没有好坏之分。所谓的"好孩子"是已唤醒内心种子的孩子，他们认识了自我；"坏孩子"还没有唤醒内心的种子，在浑浑噩噩地活着。

如今多元智能检测成为帮助家长唤醒孩子内心种子的工具，让更多的孩子不再为周末应对各种培训班而苦恼，让更多的父母不再为育儿问题而苦恼。亲子关系越来越和谐，曾经"叛逆"的孩子们越来越可爱。

通过这个案例，大家对DIG多元智能测评已经有了一个初步的、直观的了解，接下来我会为大家详细地介绍DIG多元智能测评的价值、功能、适用人群以及检测方法等，让大家对它有一个全面、客观的了解。

DIG多元智能测评的价值与功能。

多元智能理论最大的价值是肯定每一个儿童都有其不同的智能强项，做父母只要注意发现并给予科学的训练都能导向成功。DIG多元智能测评的功能主要表现在两大方面：

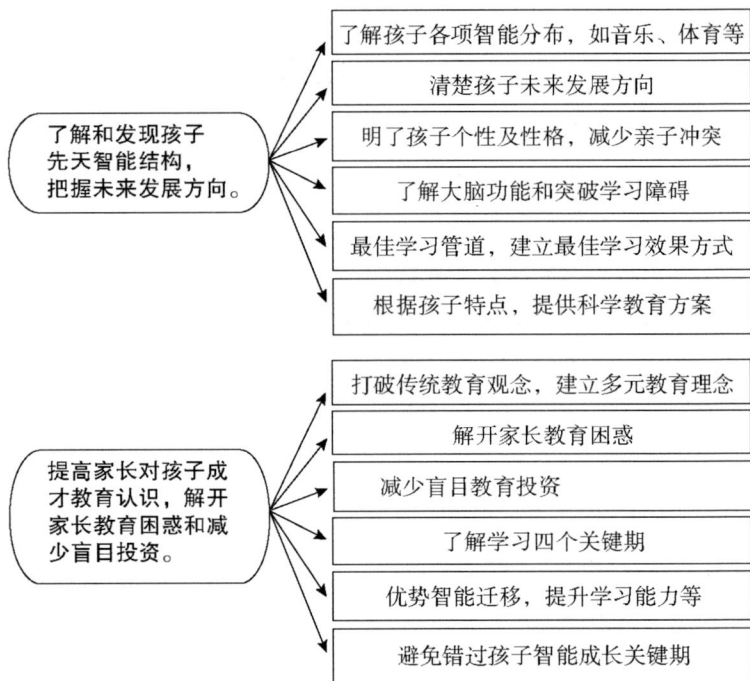

了解和发现孩子先天智能结构，把握未来发展方向。
- 了解孩子各项智能分布，如音乐、体育等
- 清楚孩子未来发展方向
- 明了孩子个性及性格，减少亲子冲突
- 了解大脑功能和突破学习障碍
- 最佳学习管道，建立最佳学习效果方式
- 根据孩子特点，提供科学教育方案

提高家长对孩子成才教育认识，解开家长教育困惑和减少盲目投资。
- 打破传统教育观念，建立多元教育理念
- 解开家长教育困惑
- 减少盲目教育投资
- 了解学习四个关键期
- 优势智能迁移，提升学习能力等
- 避免错过孩子智能成长关键期

DIG多元智能测评的优势。

1.科学性：建立在皮纹学、遗传学、胚胎学、脑神经科学的基础上，经过科学家、教育家、医学家的临床经验整合。

2.全面性：通过测评不仅可以直观地了解一个人八大智慧、学习管道的强弱分布，也可以知道每一项智慧通过什么样的学习方法加

以强化最为有效。

3.客观性：完全消除了文化背景，测量结果不受身体好坏、情绪的影响。

4.稳定性：提供可靠的遗传信息，皮纹一生不变，一辈子只测一次即可。

5.广泛性：初生婴儿～60岁均可接受检测。

6.简捷性：简单、方便、无创伤、不用回答任何问题，用皮纹采样系统进行准确的采样。

7.准确性：不管哪一项智慧对于每一个人来说都很重要的，检测对每一项智慧检测准确度几乎没有差异。

DIG多元智能测评的适用群体。

适用群体		群体特点	测评作用
未成年	早教期宝宝（0~6）	潜能开发关键期	及早了解大脑潜能分布特点，把握基础能力训练关键期
	学龄儿童（6~12）	基础教育关键期	明确自身最佳学习方式，找到课业成绩提高瓶颈
	青少年（12~18）	心理健康调整期（自我同一性的认同）	树立心理健康意识，平稳度过青春期
成年人	青年（18~24）	人格完善关键期	把握自身潜质特点，明确人生发展方向，了解人际互动方式
	父母（24~35）	科学教育成熟期	教养孩子的同时，知道自身潜在特点，避免因自身问题影响孩子的心理健康，增进亲子互动关系。
	35岁以上	个人发展突破期	重新认识自我，结合教育背景，长期发展轨迹，找出制约因素，实现个体发展全新突破。

DIG多元智能测评的检测方法及科学依据。

在进行DIG多元智能测评时，要先进行采样，采样师使用专业的设备——活体采样机，采集人的十个手指、两个手掌，取的是纹路。为什么要取纹路，因为报告书中会出现非常多的数据来描述人类的遗传特点，而这些数据就是通过凸起的纹路作为参数得出的结果。

这是在上世纪的20年代，科学家在研究人的遗传时得出的结论。从解剖结构而言，手在大脑皮层的中央前回（运动区），中央后回（感觉区）的神经反射区投影最大，即高级神经细胞最多。手指端有大量压觉、痛觉、温觉等感觉神经末梢，同时也是皮纹分布种类最多、最密集的部位，我们常说十指连心，了如指掌，可是你真的了解你的手吗？

德国著名哲学家康德曾说"手是人类外在的脑"，能反映大脑的机能和心理活动。最高明的间谍，在测谎器面前可以做到眼不惊、心不跳，但当问到要害之处而进行激烈思想斗争时，虽然面不改色，却会出现手心发热冒汗、手掌小肌群颤动、脉搏加快，并且在测谎器上显示出来，从面暴露其心理活动和变化，盲人无视觉，但能通过手指的触摸，弹出美妙的音乐。微雕艺术家通过一双巧手，能在米粒大的面积上作出绝妙的图画和诗词。由此可见，手是人类智慧、情感、心理活动最集中表现的部位之一。

从胚胎学来说，我们每一个人都是由胚胎分化出来的，胚胎被分为三层，分别是内胚层、中胚层和外胚层，就好像鸡蛋分蛋黄，蛋白，蛋壳一样，内胚层最终分化成了心肝脾肺肾等等，中胚层分化成了血液，骨骼和肌肉，外胚层最终分化成了皮肤和大脑。

当科学家们发现皮肤和大脑都是由同一个胚层同步分化而来的，就猜想这两者之间是否存在着正相关呢？这一猜想大大激发了科学家的好奇心，科学家开始采集大量的皮肤纹路开始研究。

皮肤的纹路用专业术语讲叫做屈纹，屈纹的特点是会随着我们的年龄习性发生改变。我们把生长在皮肤表面的这些凸起的嵴纹叫做皮纹，皮纹具有两个主要特点：不变性和唯一性。

皮纹是先天形成的，且终生不会改变。我们肯定有这样的经验，比如表皮受损，掉皮，烫了一个水泡，等等，等到新的纹路长出来以后是和以前一模一样的，这是因为我们的纹路从在母体中13周开始出现，在21周的时候基本形成，然后就固定了下来，终生不会改变了。所以准妈妈们要注意了，在这个关键时期，如果受到较大刺激或者营养不良等情况，会影响孩子大脑的发育，在手纹上显现出来。

曾经有人问过我，说可不可以测两次，看看结果是不是会发生变化，这里我想说明因为纹路没有发生改变，即我们参考的数据没有发生变化，无论受测者是3岁、20岁，跟50岁做出来的报告结果是一模一样的。所以检测一生只需要做一次，但终生受益。

而科学家通过研究发现，不光人与人之间不同，同一个人的十个手指的纹路也不相同。科学家采用统计学的方法，近一个世纪以来，在全球采集了近五百万份样本，随着样本数不断的增多，一些规律就开始呈现了，准确性也越来越高，让这个技术的原理也显而易见。

通过对皮纹的研究，我们知道人类的大脑可分为十大脑区和八大智能。成熟的大脑中间有明显的一条沟，这条沟叫做脑裂，脑裂把大脑分成了左脑和右脑两部分脑区。左脑理性，又叫逻辑脑，掌管说话、逻辑、分析、理解等能力；右脑感性，又叫本能脑，潜意识脑，掌管感觉、韵律、颜色、创造力等等。

而在医学上左脑和右脑又分别分为十个脑区，十个脑区根据所处位置的不同会有不同的功能，举个例子，靠近耳朵这块的脑区叫做颞叶，颞叶掌管记忆力，语文理解能力，包括对音乐感受这方面的能力都是由颞叶掌管的，后脑勺这块的脑区叫枕叶，掌管着我们的视觉功能，当我们后脑勺被撞了或者磕了，经常会两眼发昏，就是因为枕叶受到了损伤。有些人会说我想去做个建筑师如何？那需要看顶叶和后额叶空间心像的部分，对空间尺寸架构这些是否敏感，是否有与生俱来的天赋。所以，每个脑区都掌管着不同的功能，分工很明确。

对多数人来说，DIG多元智能测评还是很陌生的，人们对它抱有怀疑、好奇的心理，但其实它早已应用在各个领域。很多国家选拔体育人才都要通过检测，运动员选材是竞技体育的三大重点研究课题之一，比如ATD角度值。优秀运动员的ATD角明显小，男运动员一般在37～39°之间，女运动员则在39～40°之间，国家男排二传手沈富麟仅仅只有31°，体操运动员童非只有34°，跳高运动员前世界纪录保持者朱建华只有35°。

在这里，我讲一个案例，中国前女排主力副攻，赖亚文，获得了满分100分的数值，她是服役年龄最长的，同期运动员身体已经不行退役了，她还能一直坚持。他们根据这套标准，选出了一批运动员，经过一番锻炼之后，这批运动员的成绩都超过了亚洲运动员的平均水平。

在医学上，手诊我想大家都知道，是中医的一项传统诊断方法。诸内必行诸外，身体的任何毛病最容易在手上反映出来。以前三岁以下的幼儿诊病主要靠指纹，由于小儿不会言语，切脉又易受干扰，因而古人创立了望切相结合的指纹诊法。

其实在我们中国运用指纹技术最早始于我国的唐代，当时所有重要的文件如契约等都以指纹作为签字或签名画押的证据，如地契卖身契等，并且在很多瓷器上都会留下纹路。现在我们运用在孩子的教育以及家庭关系方面，效果显著。通过它可以了解你的学习秘籍、性格特质、遗传生理信息、特长领域、职业推荐，等等。

只有发现孩子的潜能，正确地认识孩子，才能让他变得更好、更完美！

是谁毁了孩子的优势

看到一则寓言故事，觉得挺有意思，拿来与大家分享一下。

森林里的动物王国召开了一次国民大会，决定设定一所学校，训练它们的子弟各种技巧，以应付21世纪的挑战，课程也设计好了，包括跑、爬、游、飞四项技艺。为了学校行政的方便，每种动物必须全修各项课程。

游泳课是鸭的最爱，它成绩优异，飞行更是拿手，比它的老师还厉害，但它跑得很慢，教练强迫它放学后，留校练习跑步，甚至逼它放弃游泳课，腾出时间来练习跑步。不久它的脚蹼便被磨破了，以致游泳成绩退步成中等。学校认为中等成绩可以接受，除了鸭自己，没有人关心它的蹼。

兔子在跑步课上得了第一，但它最后患了神经衰弱症，因为补修了多次游泳课，仍然不及格。

松鼠很会爬高，但它的自信最终被腐蚀到最低谷，因为它的飞行老师要求它从低往高飞，而不是从高往低飞。最后，它沮丧到什么都不想学，老师给它爬课一个丙，跑课一个丁。

鹰被老师认为是个问题学生，被罚狠狠地坐了几天学监，因为老师认为它作弊，它在爬课第一个上了树顶，用它的翅膀，而不是按照老师的指示用爪爬。

学年结束，一只突变鳗得到第一名，被选做荣誉毕业生。它很会游泳，突变腿帮助它跑得不错，爬一段，飞一段，总分最高。

地鼠根本不肯去上学。它在议会中提案，要退房地税给它。原因何在？因为学校没有安排挖地课。它成功地获得退税，和狐狸及穿山甲另设了一间私立学校，专教挖地术。

这所动物王国的学校像不像现在的学校教育呢？提起教育，城市的家长基本都是对体制内的教育极为诟病，普遍认为这种应试教育弊病太多，但是更多的家长依然要把孩子送进体制学校去。

我们曾经去过一家私塾，这所私塾主要教孩子学习传统文化经典。这里的老师有一个教育理念很不错，她说教育无所谓对错，只有存在的教育和更好的教育。让孩子一天八小时读国学，我认为还是有待商榷的。对于经史子集，我没有排斥，其中很多的理念放至今天依然适应，比如因材施教，比如千里马常有而伯乐不常有，说到这里，让我想起了一件事。

最近一个10岁男孩的遭遇让我一直不能释怀，一个潜质很好的孩子，却在遭受着这个年龄不应该承受的压力。我先来说一下孩子的现状：他身高不高，之前坐在第一排，现在被老师安排到了最后一排，原因是他上课小动作比较多，不认真听讲，而且不能按时完成作业（简直不把老师放在眼里），孩子被判定为识字障碍，在夜晚应该熟睡的时候，他却已经开始失眠。

　　家长为孩子的学习问题也操碎了心，爸爸甚至准备辞职，在家教孩子。当我看到孩子的DIG多元智能检测报告时，我发现，孩子目前呈现的所谓问题，在我的眼里都太正常了。每个人的思维和行为在相同的教育环境中为什么会那么的不同，其中一个原因就是：每个人的先天遗传特质不同，现在的结果只是遗传规律的呈现，我们本应该理解和接受，但现状却是，老师没有办法客观地对待和理解孩子（一个班级有四五十个孩子，老师很难关注到每个孩子），所以，当孩子出现所谓的问题，即使有些只是遗传的干扰，孩子却仍然受到了严厉的指责，这是多么的不公平啊！

　　报告中显示，这个孩子具有企业家的特质。作为企业一把手，是需要经常做决策的，这项能力强的人，决策失误的概率相对比较低，而这项弱的人，会因为把问题看得过于简单而造成决策的失误。他还有一个优势是对人比较敏感，不太容易在人的事情上上当受骗，比较能够站在别人角度考虑问题，也比较能够体会到别人的感受，作为一个优秀的管理者，这也是必不可少的能力。对于概率只有千分之三，而他却是其中的一位来说，这是一个多么可喜的发现，但现在他被贴的标签就是：差生！没有学习能力的人！

　　关于他学习差的原因，我在多元智能基因检测报告中找到了答案，这个孩子的记忆力、理解能力以及逻辑能力，先天不是很敏感，但这也不是学不好的理由，他只要有足够多的训练，并且他愿意，在学习上不应该有太大的问题（不愿意的话，有能力也不可能发挥得很好，我们成人何尝不也是这样？）。

　　由于这个孩子的性格存在逆向型的特点，这种性格的人，本能的思考问题切入点会和其他人不一样，有时会被认为很奇怪而不被接受，所以，他比一般人更加需要鼓励、表扬和支持。而如果老师和家长没有用他愿意接受的方式带领他，他也会事事和你唱反调，现在不做作业只是他表示抗议的一种方法。

另外，这个孩子先天对文字不敏感，这样的人，通常容易出现看错字、写错字、跨行、跳行、漏行等，有些人写字还会从下往上写，d看成b，p看成q等，《地球上的星星》这部电影里的一个很有绘画天赋的小男孩和这个孩子在识字方面的问题有相似性。可是如果通过一些方法，这个所谓的弱项也同样可以在后天进行改善，我家女儿就是一个很好的例证。

这个孩子未来有可能和名牌大学无缘，因为他先天的优势不在学习上，但他极有可能成为一个企业家，建立一个平台，给很多名牌大学出来的人施展自己才华的机会。老师和家长如果能够本着"因材施教"的教育思想和方法，那这个皆大欢喜的结果很有可能实现，反之，这个孩子有可能因为背负着"差生！没有学习能力的人"这样的心理暗示，痛苦而黯淡地度过自己的一生！

其实，现在的老师不能因材施教是情有可原的，现在学校的一个老师常常面对着几十乃至上百个学生，看着眼睛都花了，哪里有时间、精力去逐一地研究每一个学生。这与古代的私塾不同，古代的私塾一个先生带几个学生，要做到因材施教相对要简单得多。

近年来，农村的学校越来越少，越来越多的孩子来到城市读书，而城市里的教育资源又跟不上，常常是一个班七八十人，作为老师，当然希望下面坐着的每一个学生都乖乖地听话，让他顺利地把课讲完收工，那些走神的、坐不住的自然就被划为坏学生的行列，对这些学生的问题行为采取的就是制止加镇压，如我们开始所说的鸭子、兔子、松鼠、鹰等，有几人会想到这可能是他们的一种特质而因势利导呢？加之每升一个年级就有可能换个老师，如果让老师做到针对每个孩子制定一份学习方案，确实有点难为老师了。

由此看来，因材施教的重担只有落在家长身上了。那么，因材施教的效果究竟如何呢？我以朋友风哥为例，读初中的时候社会风气有点差，那时的风哥经常跟着一群社会小青年混，对于学习完全不当事，学习成绩一度到了班级倒数的行列，但现在，风哥却是一位功成名就的社会精英了。

在中考的前一年，风哥和一位要好的同学被两位老师给盯上了。一位老师在每堂课上都会针对风哥及朋友进行提问考核，另一位老师在每次测验后都要把风哥捉到办公室去进行单独辅导。在没有做到全部掌握之前决不下课，即便是其他老师同学都已经放学回家。

即使到现在，风哥也不知道这两位老师是因何就抓住了风哥进行辅导的。有传言，老师在办公室交流的时候是这样想的，学习刻苦成绩好的学生是不需要加力的，有一部分是已经来不及拉的了，算来算去就是风哥与朋友这两人拉一把还可以上岸。

不知道这是不是事实，但是风哥直到今天仍然很感激这两位老师。虽然只是两门课程，但是学习这种东西是触类旁通的。很多人都清楚，学习一是要树立自信，二是要掌握学习方法。

另外一个原因是风哥的脑容量大，球形创意思维比较好，听起来是好大一个优点，但事实情况所产生的副作用就是很容易走神。两位老师这种盯住互动式的教育刚刚好解决了这个问题。

可以想象，如同风哥一般类型的孩子数量不在少数。但是有几个老师能够只针对这几个孩子呢？那个年代还没有现在这么多的社会舆论问题，放在现在，事情张扬出去，其他家长一定会不高兴，轻则怀疑是否收礼了，重则直接举报了。

很多有钱的家庭现在或把孩子送进私塾，或把孩子送出国外，实在不济也要在体制教育之外多报几个培训班。可我认为问题的根源不解决，其他标的问题也难以解决。如同那位私塾老师说的，最多就是教育稍稍好一点。

我认识的另外一位朋友，早些年打拼攒了不少的家产，于是就把两个孩子送进了知名的国际学校，一年的学费就几十万，暑假寒假还要参加各种培训班。可是几年下来，孩子的学习成绩依然没什么起色，反而一些负面情绪增长不少。

很多年来，我鲜有碰到一个家长是以培养孩子乐观健康成长为第一要务的，鲜有碰到几个老师针对调皮捣蛋的孩子耐心地引导的。这样，我们当不是在毁掉孩子的先天优势？每个孩子都是一块美玉，只要我们的父母或者老师耐心地稍加雕琢，就能显现他的美丽绚烂。

做父母贵在有自知

在古希腊宗教中心戴尔菲阿波罗神庙墙上写有这样一句箴言——认识你自己！活在世上，恐怕最难的事情就是认识自己了，故而在我国很早之前就有一种说法——人贵在有自知之明。

自知，是一种难能可贵的个人品质。真正自知的人，是清楚自己优劣势的人，会根据自身的实际能力去做一些自己能力范围内的事情，是能够扛起理想的人，所以也更容易成功。

自知，是对自身当前状态的一种准确评价。自己是谁？能承载什么？自知，看起来很简单，但真正有自知的有几人呢？

现实生活中，不自知的现象非常普遍。很多领导者把自己做成了一个管理者，很多管理者把自己做成了一个跑业务的。为什么？因为眼睛里只是看到了最重要或是当前最突出的问题，就想到自己要去解决这个问题。结果是自己做得很累，而相应岗位的人员形成了对你的依赖感，结果导致整体的战略布局、目标推进等重要事项却无人跟进。这就是对自己位置的不自知。

同样的道理，作为父母也应该有自知之明，这包括两个意思，我先来说说第一层意思，指的是父母要对自己有一个清楚的认识，了解自己的优缺点，以免因为对自己认识不清，影响到孩子。

我有一女性朋友，从来都没觉得自己有问题。无论是家庭还是工作，她总是在指责家人或是同事。前不久，又因为孩子的学习问题，把家里搞得鸡犬不宁。她痛苦地向我叙述道，自从儿子上学后，她就跟着着急上火，别人的孩子教两三遍就能很快学会的东西，她儿子教上四五遍，也不明白个所以然。

需要说明的是，我的这个朋友从小品学兼优，毕业于一所重点大学，现在是一个著名的外科医生，在她看来，只要努力，没有任何事情是学不会的。所以，她总是逼迫孩子学习，孩子学得不好，就会打骂孩子。每每这时，她的老公就在一旁坐不住了："你不要着急嘛，孩子小，理解能力差，你慢慢教，一遍不会，就教十遍嘛！"

老公这样说，更让她生气了。"孩子就是遗传了你，头脑简单四肢发达！做什么事情都笨手笨脚的。"见她又要怒发冲冠了，她的老公就默不作声，躲到书房去看书了，而在她看来这就是无声的抗议，这使得她的情绪更加激动，甚至是歇斯底里。

我这个朋友的确很优秀，以前学习成绩好，现在事业有成，可人无完人,如此完美的本身是不是就是一个问题呢?

我的这位朋友常常因为一些鸡毛蒜皮的小事把自己搞得焦头烂额,在家里,因为她的情绪失控导致家庭大战升级,从口角演变成暴动;在单位,她也常常因为同事无心的一句话,或者无意中做错的一件事,耿耿于怀很久。为此她感到很苦恼,她不明白生活中为什么总会有那么多不顺心的事情:儿子学习成绩不好;老公粗枝大叶,不懂得体贴;与同事、领导不好相处,关系紧张。

很显然,问题不是出在别人身上,而是出在她自己身上,她没有意识到自身的问题,把责任全部推给了别人,认为都是别人的错。后来经过DIG多元智能测评,我帮这位朋友找到了答案,她的操作学习敏锐度(角度值ATD)只有33°。

ATD是指一个人学习和操作的敏锐程度,角度值越小越敏锐。35°以下表示学习敏锐度极佳,情绪反应非常敏感,心思十分细腻。

也就是说,正因为她的这些特点,使她无法理解儿子为什么很简单的东西都无法学会,无法忍受丈夫的粗枝大叶,再加上她比较敏感,对同事、领导的一些言行总引申出另外的"意思",所以,导致她的人际关系紧张。

报告显示,儿子和爸爸的ATD的值都高于41°,也就是说他们的学习敏锐度稍弱,学习新事物时的接受程度与反应稍慢,情绪的反应也较不敏感,做事情也比较慢条斯理。可以说,她与儿子、老公正好是反着的,所以,才会有那么多的家庭矛盾与冲突。

我讲这个案例的目的是想告诉我们的父母们,很多时候不是孩子做得不够好,而是我们本身出了问题,就像我的这位朋友,本来是因为自己的学习能力太强了,就认为是孩子太笨了,这是对孩子的苛求,对孩子是不公平的。

　　遗憾的是，很多父母都没有意识到这一点，一相情愿地认为孩子应该和自己想的、做的是一样的，按照自己的教育模式来约束孩子，一旦孩子没有达到要求，父母就会给孩子扣上各种各样的帽子，"太笨了""没出息""反应迟钝"，等等，这对孩子来说是不公平的。

　　第二层意思是说，父母要知道孩子是哪块料，不是金刚钻就不要揽瓷器活。鸵鸟身重翅小不妄想飞向蓝天，海豚无脚不徒劳爬上陆地。试想一下，让爱因斯坦去读经会怎样，让梵高去K歌又会怎样？答案显而易见，可是我们的父母却总是在做这些徒劳的事情，到头来，父母累，孩子更累。

　　媛媛今年9岁，妈妈是钢琴老师，她希望女儿也能和自己一样，弹一首好琴，所以，在媛媛很小的时候，妈妈就开始教她弹钢琴，学习了两年多，连指法都还弹不好。

　　媛媛的爸爸觉得弹钢琴需要天赋，媛媛根本不是弹钢琴的料，可妈妈却不这样认为，她认为是孩子太贪玩，不认真学习的缘故。所以，她就逼着媛媛学习，可效果依然不明显。坚持了两年后，媛媛的妈妈最终选择了放弃。

　　后来，他们带孩子到我工作室做了DIG多元智能测评，我发现这孩子的ATD为43°，而弹钢琴都是一些精细的动作，根本不适合这个孩子，我建议她的父母，如果真想让孩子学习音乐，不妨学一些精细动作少的打击乐。据说，现在这孩子架子鼓打得非常好，学习兴趣也很浓。

　　每个人在这个世界上都是一个独立个体，有着与众不同的特质。不要看到别人家的孩子在某方面成功了，就逼着自己的孩子也朝着那个方向去努力，或者因为自己希望孩子将来朝哪个方向发展，就逼迫孩子按照自己设计的宏伟蓝图来实施，这是对孩子的不尊重，同时也会挫伤孩子的自信心，到头来让孩子一事无成。

作为父母，要了解自己的孩子，懂得孩子发展的规律，才能在孩子发展的黄金时期根据具体情况扬长避短定会事半功倍。

幼儿时期，尤其是0～3岁，属于脑神经网络的构建期，会对视觉，听觉及触觉上所接触到的东西产生反应，并在脑部建立对应的联结；4～8岁，属于信息吸收期，会主动吸收外界的各种信息，并产生学习动机。

青少年时期，脑部进入修剪期，会修剪过去所学到的知识与行为，并且继续学习自己认为所需要的。于是在这一阶段，容易产生所谓的行为偏差的行径，而这种行径正是因为修剪了正确的行为准则，选择偏差的行为作为学习对象的缘故。

人的成长都包括先天特质与后天教化。后天教化因为每个人所处的环境不同教育不同，自然不会相同，但先天特质中却有一些规律性的东西是我们可以掌握并为之所用的。我们就先从先天特质的最为复杂的大脑开始剖析一下自身。

大脑分为左右两个部分，左脑掌管理性，右脑掌管感性，这是众所周知的。进一步说，人脑有四个区域，如额叶，是整个大脑中比较重要的部分，其右前额叶掌管目标，左前额叶掌管计划，右后额叶掌管理念的创在，而左后额叶掌管逻辑推理。其他枕叶、顶叶和颞叶分别掌管着视觉体觉和听觉，各司其职的吸收信息和执行指令。

这样说似乎很难理解，我们可以借用一个例子来更好的理解一下：一群工人（枕叶、顶叶、颞叶）在丛林里清理灌木丛。他们是生产者，解决的是实际问题。管理者（左前额叶）在他们后面拟定政策，引进技术，确定工作进程和补贴计划。领导者（右前额叶）则爬上最高那棵树，巡视全貌，然后大声嚷道：不是这片丛林！对此一个其他部分的发育远远强于右前额叶的人会怎样回答呢？别嚷了，我们干得正起劲呢。当然，在实际的运作中正常情况应该是领导者先下达指令，管理者和生产者再进场。

在我们的体系内，通常看到右前额叶比较强的会比较放心。因为这意味着他的目标感会比较强，至少不会把管理者和生产者带到错误的灌木丛。

我还碰到过这样一个让母亲很头疼的女孩。她的目标感没有任何问题，非常强大，但是却在其他几个功能区域都比较差，尤其是纠错反省能力非常差。所以她的日常表现为天天喊口号定目标，最终却一个也不能去执行。

有人说，很多发明都是经历无数次失败后才提炼出来的。但是你或许不知道，世界上第一台缝纫机是一次成功的。它的发明者说：他在制作出这台缝纫机之前至少已经在脑袋里制作了三千台。

有一项手术，绝大多数医生需要6个小时，而有一位名医却只需要2个小时。同样他也是在手术前会把这个手术在脑海中演练无数遍。

事实上我们做事情都是需要进行二次创造，一次是在自己的脑袋中进行一次创造设计，一次是把它在现实中制作出来。

而这项创造，就体现在我们右后额叶上，因为这部分区块掌管的就是空间心像的功能，而这一区块，也是当前很多从事大脑开发的工作者们投入精力最大的部分。

在中国有一项传统叫作抓周，即当孩子周岁的时候，在他面前摆上很多物品，看看他会抓什么日后就会成为什么。当然这个相对偶然性比较大，但从科学来解释，他抓到的东西，有可能是对应他的那一块大脑区域相对活跃的部分，所以他才更有可能产生兴趣。

仔细观察一下我们身边的人，找不到生活目标的，有选择障碍的，对自己对事物不自信的，逻辑混乱的，等等，等等，或许有些知道自己的这些问题，却不知道问题的根源究竟在哪，或许有些压根儿就不知道自己的这些问题，就更谈不上如何去改进这些问题。

我们每个人都是有着自己特点的个体，自知也不是想当然地以为如何。对自己的错误判读有时候会造成很恶劣的后果。自知者能分施展自己的才华，成就一番事业；不自知者往往一念之间前功尽弃，贻人笑柄。

快乐就是最大的成功

前不久，在美丽的太湖之畔，东山岛上，我有幸聆听了一位国学倡导者和国学教育践行者的讲座。除了讲授读经对孩子的好处，同时也讲述了一些对孩子进行读经教育的引导方法。

就孩子读经的兴趣而言，他们基本上采用的是强制方法，不管是孩子爱好的，还是不喜欢的。强行带读一个月，孩子自然可以跟读。

任何一个习惯的养成，按照科学的解释都只需要21天。人类承受苦难的韧性是很强的，所以习惯与兴趣很多时候是可以分开的。

东方文化的一个显著特征就是天人合一，顺天应人。但是在实际操作中我们常常只是做到了"应人"。顺天，不是听从天意，那是宿命的看法。顺天，对外是顺应天时，对内是顺应天性。

对于天性，古人探索较少，孔子说人之初，性本善；荀子说人之初性本恶。不管是善是恶，都是为自己的立论做了一个基础，而对于这个命题本身，没有理论支撑。所以直到今天，这依然是我们在探讨的问题。

还好，对于我们自身向内的探索，人类一直没有停止过。丹尼尔·平克是一项大脑实验的志愿者。他所参与的实验证实了人类对待不同的事物时，脑细胞的活跃程度是不一样的。我们都知道大脑是分为左右两个部分，由额叶、枕叶、颞叶、顶叶四个区块共八部分，而每个部分司职不同的智能。相对而言，活跃程度高的就是我们更容易感兴趣的部分，也会是所有智能中比较强的部分。

在传统的认识里，我们会强调个人努力的作用。史蒂芬·柯维写的那部著名的作品，被誉为，在西方社会除了圣经之外对人最具指导意义的作品。世界500强的部分高管、名流政要，很多都是他作品指导下的实践者。但是他在对自己孩子的教育中，却没有收到相应的效果。他与妻子用尽各种方法之后，最终不得不放弃了，沮丧地认为自己的孩子就是比人家的孩子笨。

好在史蒂芬没有放弃，他放弃了对孩子的干涉式教育，改而研究孩子的天性，尊重孩子的自由成长，只是在边上做一些简单的鼓励与支持，孩子慢慢地摆脱了对父母的依赖，找到了自己喜欢的事情，慢慢地建立起了自信心。在之后的发展中最终没有比同龄人差。

我们的世界里，经过博弈，很多时候，父母看到孩子在最终听从了自己的意愿，做了自己想让孩子做的事情，会感到很开心，以为为孩子找到了一条通向光明的路。

我有一个朋友，他就是这样一个例子。他屈从于父母的话，学业有成，名牌大学毕业。但是在毕业结婚后，妻子看他在家无所事事，想让他读读书消遣一下，他立刻就一脸的厌恶说，别跟我提书，我以后一辈子都不想看书。

当然这个是属于比较极端的个例。真实情况也确实存在，我们有些大脑区块职能不那么强的情况下，一定逼着去做这个区块职能范围内的事情，一是很难出成绩，二是会增加学习人的厌恶情绪。

发挥强势，活跃的那部分，既开心又更容易出成绩，这就是顺天。每个人都希望自己的孩子能够成龙成凤。可有谁去关注过孩子究竟想成为什么？

明朝有个皇帝，特别喜欢木工活，可是现实一定要他去做一个帝国的管理者。于是这个世界就多了一个不称职的皇帝而少了一个优秀的工程师。

南唐有个皇帝，诗词歌赋样样精通，可是现实一定要他去做一个帝国的管理者，于是这个世界就多了恰似一江春水向东流般的许多愁。

人，做一个成功者还是做一个快乐者？爱好与发展一致了，至少是一个快乐者，走顺了，就会是一个快乐的成功者！

孩子，做一个幸福的平凡人吧

19年前的这个时候，一群皮孩子在蚌埠实习。朋友风哥无聊的时候，从清哥那里发现了一本《平凡的世界》，看后掩抑不住心中强烈的共鸣感，于是到处找人分享自己的激动的心情。去年在上海再遇到清哥，两人还笑谈起了当年的心潮澎湃。

前几天在电视上又看到了这部作品，观看时边上的茂姐和强哥诧异地问道：风哥怎么还看哭了？风哥说：那个年代的情感，你们这些年轻人不懂。

是的，那个时代的生活，屈从于现实的爱情，激荡变幻的政治，经历过的都能从身边的人事物中找到参照物。当然还有主人公玩命地发奋，最后却依然是个平凡的小人物。这个有悖常理。

在我们所接触到的大多故事情节中，主人公不管是机缘也好，奋斗也罢，最终都会是功成名就一统江湖。然而此作品没能让人看到大家期待的结局。用他们年轻人现在总结的话说，就是：生活中有些事情就像是在蹲坑，尽管你觉得自己很努力了，没想到结果挤出来的只是个屁。

没错，生活中很多的诱惑告诉我们，人都可以成功。比如现在很多的微商招代理就是每天炫耀谁谁赚了多少钱，并时不时地晒晒账单。让很多人以为这真的是轻而易举可以做到的，于是前赴后继地扑上去。

人们总是容易看到那些成功的东西。比如大家都知道乔丹是在压哨时刻投球命中并逆改比分最多的球手，却少有人看到他也是在压哨时刻投球不中，让球队输掉比赛最多的球手。想做微商代理的朋友只看到了人家晒出的账单数额巨大，却少有人看到人家制作这样一张账单的辛苦，少有人清楚人家为了让你相信这账单不是制作出来的，花了多少的心思。

大环境就是这样，所以社会教育必然也是如此。众多的家长为了能够让自己的孩子出类拔萃，不输在起跑线上，想尽各种办法让自己的孩子变得更出众。就是没有人去相信平凡，甘于平凡。似乎在社会上不做出点惊天动地的事情，就不太好意思跟人聊天。

对于未来，其实我们什么也不能保证，除了一点，就是快乐。阿基拉中那个得到第二名的亚裔孩子不开心，因为他父亲的要求是必须得到第一。他的父亲不开心，因为儿子没有达到他的要求。而只得到了第五名的那个美国孩子却很开心，很绅士很搞笑地庆祝自己的成绩。

从科学上来说：人脑都有差不多1000亿脑细胞，其中活跃的大都在几十到二百多亿个人，每个人的活跃区域也不太一样，所以我们不能要求每一个孩子都成为爱因斯坦，不能要求每一个孩子都可以站出来拯救世界。但是我们可以做到的是，让每一个孩子快乐地成长，即便是他长大以后只是一个很平凡的挖煤班长。

说到这里，我想起了闻名世界的威斯特敏斯特大教堂地下室的那块墓碑，碑文上写着：

当我年轻的时候，我的想象力从没有受到过限制，我梦想改变这个世界。

当我成熟以后，我发现我不能改变这个世界，我将目光缩短了些，决定只改变我的国家。

当我进入暮年后，我发现我不能改变我的国家，我的最后愿望仅仅是改变一下我的家庭。但是，这也不可能。

当我躺在床上，行将就木时，我突然意识到：如果我一开始我仅仅改变我自己，然后作为一个榜样，我可能改变我的家庭；在家人的帮助和鼓励下，我可能为国家做一些事情。

然后谁知道呢？我甚至可能改变这个世界。

现在我们的世界，不仅仅是梦想没有受到限制的问题，我们在放大着自己孩子的梦想，从出生那一刻起，就是全家人的小皇帝。稍稍长大点就将他输送到争夺社会佼佼者的前线上。

我们在举例子的时候都习惯于列举某些个名人，比如马云。我们从没有想过马云毕竟只有一个。我们也没有想过，一直以马云为榜样的路上，中途掉队了所产生的心理落差，谁来填平？

　　我很欣赏维茨金的母亲对孩子的态度，在孩子为失利或是战事纠结的时候，她只是轻轻地说一声：孩子，你其实不需要一直那么坚强。然后抛下一切，带领全家去出海钓鱼。

　　相信平凡，不是说让大家甘于平凡。只是让大家知道，平凡其实才是常态，是根本。如同他们说的：承认自己的无知，往往是求知的第一步。

　　最后由梭罗的名言收个尾：如果我们时时忙着展现自己的知识，将何从忆起成长所需的无知？

附录1：阳阳的多元智能检测报告

在前面的章节中，我曾经为大家介绍过DIG多元智能检测的相关内容，为了让大家更直观地了解DIG多元智能检测报告中的相关内容，我以阳阳小朋友的检测报告为例，进行详细的解读。

TRC值。

TRC（Total Ridge Count）指的是十个手指脊纹数量的综合。由TRC可得知"大脑新皮质细胞量"，也代表脑神经元细胞数量的多寡，也就是先天学习潜能。

> TRC：———183——— 平均值：———18.3———

以上是阳阳的TRC值，阳阳的脑容量是183亿，常模值是60~140亿，脑细胞量低于60亿，说明脑发育不完全，高于140亿，说明学习新东西接受快，兴趣广泛，但不够关注。

那么，是不是脑细胞量越多越好呢？不是的，阳阳的脑细胞量达到了183亿，远远超过了常模值，但是这并不代表他各项职能高，要看他开发利用的程度，多数人能开发利用三分之一就相当不错了。不过在0~3岁，不断刺激脑神经元细胞，会分泌很多轴突和树状突，促进脑细胞裂变，也就是说，孩子越早训练越好。

ATD值。

先天学习敏锐度ATD是指视、听、嗅、味、触觉的直觉和敏锐度，以及对于新事物的学习与接收能力。

先天学习敏锐度ATD的标准值为30~50度，阳阳的左右脑都是33°，如下图所示：

$$L \quad / \quad R$$
$$3\,3 \quad / \quad 3\,3$$

1.先天学习敏锐度 ATD < 35°。

（1）具有敏锐的观察力、敏捷的操控力、灵巧精细动作能力。

（2）显示个人学习状况非常敏锐，容易找到学习事物的方法和诀窍，领悟力强，但需注意因较敏感所引起的情绪起伏不定，容易紧张且神经较敏感。

（3）显示个人对于新事物的接收与学习状况、反应力极为敏感。

2.先天学习敏锐度 ATD=35 ~ 45°。

（1）表示个人的观察力、操作力、动作能力和对新事物的学习方法和诀窍均有稳定且不错的表现。

（2）显示个人学习状况较敏锐，学习速度快、反应灵敏，且肌肉的协调性强。

（3）显示个人对新事物的接收与学习状况、反应程度很强。

（4）有相当的聪颖度，可尽量表现出自信与聪明。

3.先天学习敏锐度ATD=46° 以上。

（1）表示在观察力、操作力、动作能力均较弱。

（2）显示个人的学习敏锐度与对新事物的学习及接收程度稍慢，且在精细动作的操控也稍弱，需分数个步骤教导，并给予时间分段学习。

（3）思考事情时所需花费的时间较长，但并不表示笨，只是急不得，越催促越紧张，反而易失去完成的信心。

（4）在运动方面较适合大动作，例如：游泳、跑步、跆拳道、柔道。

在0～12岁之间多进行速度的学习与练习，角度值是可以改变的，但是任何事情都有两面性，角度值越低，学习能力、观察能力、精细动作能力越强，但是对事情会较真，容易引起情绪紧张。失信于一次，他就会反抗，小的时候会用武力解决，大了知道武力不好的时候，情绪没法释放，会一个人生闷气。

所以，父母要关注阳阳的情绪，一方面做好引导工作，另一方面还要带他多出去走走，见识各种各样的人，让他知道原来每个人都是不一样的。

据阳阳的妈妈说，上周阳阳在邻居弟弟家玩打仗游戏，他们制定的规则是：谁的枪碰到对方的手，就代表对方"死"了。阳阳两次都碰到了弟弟的手，弟弟要赖不肯"死"，阳阳很生气，在弟弟第三次要赖时，阳阳一拳打了过去，然后拿走自己的杯子气呼呼地回了自己的房间。

因为之前阳阳妈妈通过DIG多元智能检测，清楚阳阳的个性特点，所以，在阳阳生气的时候，她并没有去询问，即使弟弟的奶奶找上门来，她也没有叫阳阳出来，因为妈妈相信他会自己处理的，他现在需要冷静一会儿。果不其然，半个小时候后，阳阳主动找到妈妈，讲了事情的缘由，然后跑去弟弟家道歉了。

阳阳是典型的"认知型孩子"，在犯错误时，他会自己反省，一旦别人主动说出他的错误，他会觉得很没面子，反而会不承认。

十大脑区八大智能。

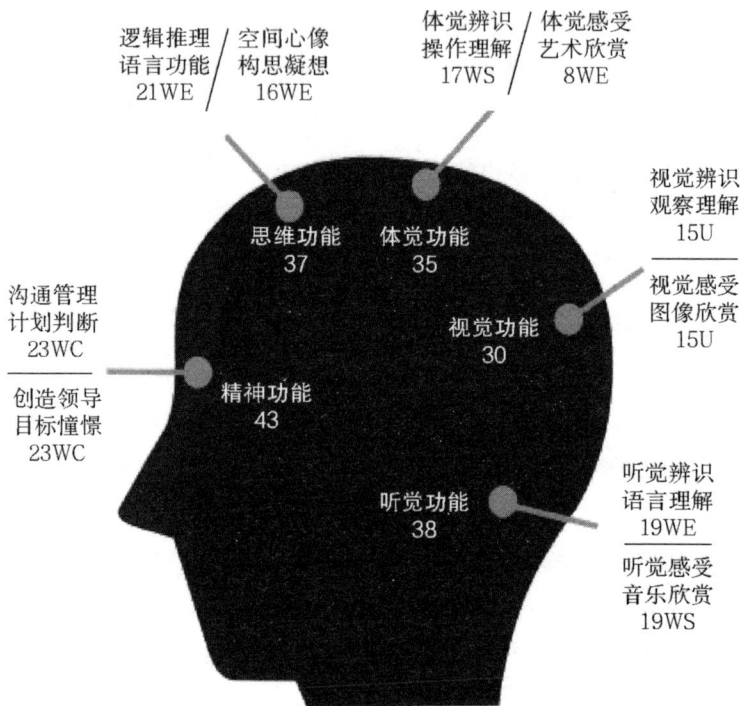

逻辑推理
语言功能
21WE

空间心像
构思凝想
16WE

体觉辨识
操作理解
17WS

体觉感受
艺术欣赏
8WE

视觉辨识
观察理解
15U

视觉感受
图像欣赏
15U

沟通管理
计划判断
23WC

创造领导
目标憧憬
23WC

听觉辨识
语言理解
19WE

听觉感受
音乐欣赏
19WS

思维功能
37

体觉功能
35

视觉功能
30

精神功能
43

听觉功能
38

TRC：183　　　　平均值：18.3

L ／ R
33 ／ 33

　　阳阳整个脑区，左右脑相对比较平衡，"W"是代表认知型，"U"是模仿性。阳阳有八个脑区是"W"，W后面不同的字母代表认知的程度不同。他不喜欢直接有答案，而是希望自己寻求答案。

　　精神功能区右脑代表目标憧憬，阳阳是23WC，高于平均值18.3，说明他有目标，但后面是字母"WC"，说明目标会变化的，加上他脑容量大，同时拥有2~3个目标很正常的，很难专注，所以从现在开始，我们要帮他设定好目标，比如他现在喜欢围棋，就要将围棋等级确定好，达到后，再去学其他的。否则会出现什么都会，又什么都学不好的状况。

阳阳的精神功能区左边内省智能是20WS，比平均值18.3高，说明他具有反省能力和独自思考的能力，所以犯了错误，他有反省能力。

阳阳的思维功能区的空间心像值稍微低一点，说明他在创新构思方面能力弱一点，这时脑区18岁之前训练效果最好，平时要引导他仔细观察。

阳阳的逻辑思维和语言功能比较强，很多朋友都觉得他说话很老练，与这个脑区有关系，所以他在阐述理由时，从小就喜欢用"1、2、3，因为……所以……"。

阳阳的体觉功能和听觉能力都不差，而且左右脑平衡，所以动手能力还行，在乐器方面，架子鼓、钢琴等动手的乐器都很适合他，考虑到他情绪容易紧张，所以选择架子鼓会更好一点，比较奔放。

听了我的建议后，阳阳的妈妈曾带着阳阳去体验了一下架子鼓，不到五分钟，他就掌握了"一闪一闪亮晶晶"歌曲的节奏，能独立演奏"一闪一闪亮晶晶，漫天都是小星星"这句。不过，因为学习环境不是很好，妈妈担心对耳膜有影响，还没同意他学。

因体觉功能和听觉能力强，带来的负面影响就是阳阳上课时小动作会比较多，注意力容易不集中，外面有个风吹草动，就能感知到。如果老师在课堂上能派他干点活，比如帮老师拿个什么东西，帮小朋友拿个什么工具，对他的注意力会有帮助。

　　阳阳的视觉功能比较低，多数人这部分都很低，因为枕叶在大脑的比例很低，才占17%。这部分功能很强的人，除了视力很好外，他的艺术鉴赏能力会很强，像江苏卫视最强大脑节目——几百个鸡蛋能挑选出与众不同的鸡蛋的小孩，这种能力就很强，他们会容易被漂亮的东西吸引，男孩从小就喜欢"漂亮阿姨"，会挑人抱。视觉很弱的孩子不认人，老忘记人家叫什么。如果视觉功能强，又是"WT"，这种人很容易曲解别人的意思，对事情判断较会依据事情用"看起来如何"来做决定。

　　阳阳对于自己认可的事情才会主动去做，不认可的事情是不会做的，做事很谨慎，需要有充分的准备和十足的把握才会去表现，平时需要老师和家长的多多鼓励！

　　做多元智能检测的目的是根据孩子特点进行"因材施教"，简单理解为：在对的时间（根据孩子脑区的敏感期），给孩子作对的训练（根据孩子的先天特点）。

　　很多家长说，我不希望孩子成才，只希望他快乐，他想学什么就学什么。中国模仿性的人占46%，这个比例不低，所以很多人都喜欢看别人做什么，自己也做什么。在国外，即使一个普通的东西，只要有回来的人说好，后续大家都会跟风买。比如GNC的葡萄籽、雅诗兰黛的化妆品、日本的电饭锅等等。而在外国当地人眼里，这些品质其实真的很一般。在物质上面，无伤大雅的跟风，损失的仅仅是钱财，大不了不适合自己。

　　但是在孩子教育的问题上，没有针对性的选择，对孩子来说是可悲的。本来是个绘画天才，家长非让学舞蹈，这不是埋没，而是打击了孩子的积极性。因为他跟一群有舞蹈天赋的人在一起练舞蹈，老师会一眼关注最有优势的孩子，然后不由自主地表扬和赞叹，自信心会大大的加强，他学其他东西也会很快，弱势会得到加强！如果自己没有优势，老师会反复纠正，甚至打击孩子，他自信心会受损，本来有的优势也会被压制。

德国教育学家斯普朗格强调：教育的最终目的不是传授已有的东西，而是要把人的创造力量诱导出来，将生命感、价值感唤醒。唤醒，是种教育手段。父母和教师不要总是叮咛、检查、监督、审查他们。孩子们一旦得到更多的信任和期待，内在动力就会被激发，会更聪明、能干、有悟性。

附录2：倾听我心，认识自我

为什么长得甜美的女子却有着汉子一样的行为？

为什么有的孩子不喜欢做作业？

为什么有的时候就是不喜欢某人，甚至讨厌听到他的声音？

为什么有的人努力了，但总是达不到别人的要求？

为什么有的夫妻相处老是吵架？

为什么有的人不见他学习，却总能考出好成绩？

为什么有的孩子数字老是写反，写颠倒？

为什么有的孩子小时候不认生，有的孩子却很认生？

为什么有人见面后名字和人对不上号？

为什么有的人努力能成功，有的人却不能成功？

为什么有的人小时候默默无闻，长大后能够一举成名？

………

这些真有答案吗？之前我也不信，但是通过大脑领航家专业咨询师对我的多元智能检测报告分析，我现在不得不信！连一向理性的先生，听了也沉默了！

长达一个多小时的对话，咨询师通过我的检测数据将我曾经的种种行为一一的做了解答，好像跟我生活在一起似的！

　　我曾经觉得自己很怪，现在释然了，找到了藏在内心深处的生命之码。在众多数值中，我的空间心像能力很差，的确是的，CAD制图时，我完全想不出空间的感觉来。但是我的数值是8U，如果经过一定的训练，潜力还是能够被开发的。

　　还有一点遗憾，就是我听觉很敏锐，对声音的感受力和音乐感受力都很敏感，我在音乐上有很高的天赋，可不知为何，我却对音乐有着莫名的排斥和害怕。咨询师提醒我回想一下，曾经有没有受到什么打击与压抑？我突然想起来，在小学五年级的时候，有一次唱歌，被同学们嘲笑五音不全，初一学英语时，又被嘲笑发音不标准，嘲笑我的人是我的一个很好的朋友，这种嘲笑一直伴随到初中毕业。

　　所以，我很害怕说英语，几乎在他人面前从来不说。但是我的日语被日本人称赞很标准，我的日语老师也说我的语感很强，节奏感很好。以前我一直觉得大家是在奉承我，听咨询师这么一解读，我终于明白是怎么回事了。如果二十年前我有这样的机会，也许我会有一种截然不同的人生。

　　很庆幸我进行了DIG多元智能检测，很感谢熊敏老师的细致讲解，给了我一次解读内心的机会，现在终于明白了"因材施教"的真正含义。每个孩子都是天使，都有一些与众不同的才能，作为家长，你了解吗？不要再羡慕别人家的孩子如何聪明，你的孩子也是一块闪闪发光的金子，只是此时此刻，他的过人之处被埋在了你家的"后花园"里，等着你去发现，去挖掘！

附录3：不要让无知的爱毁掉孩子的一生

　　我儿子，今年6岁，在学校特别调皮，上课只能安静10分钟左右，小动作不断，经常打扰到其他同学，所以常被别的孩子告状，经验丰富的班主任也管不了他，调整了几个班级，情况都差不多，老师们都认为我儿子是个"问题儿童"，甚至怀疑他患有"多动症"。

　　孩子到底怎么了？为什么打了、罚了、吓唬了、骂了都不管用呢？就在我也认为自己的孩子有问题的时候，我的一个朋友推荐我给孩子做一下多元智能检测，看看孩子到底具有怎样的遗传特质。

　　半个月之后，检测报告出来了，经过熊敏老师一对一的报告解读后，我才知道孩子的生命密码决定了他的独特个性，其实他是一个非常优秀的孩子。在欣喜之余，我一直后怕，如果按照惯性使然，孩子就要毁在我的手里。

　　检测后，我得知孩子学习速度很快，很快就能学会老师教的知识，再加上天生精力旺盛，所以孩子上课的时候，很快就会动起来了。他属于兴趣广泛，学习潜能很大的孩子，对什么事情都感兴趣，但是兴趣容易转移，永远新鲜好奇别人在做什么，觉得好玩的都要抢过来看一下，于是，常常和同学闹矛盾，冲突不断。因为6岁的孩子，还处在很自我的阶段，还听不懂什么道理，责罚都会在好奇心来临的时候被忘记，所以，老师的说教和家长的责骂体罚是无效的。

了解到以上先天特质以后，熊敏老师针对孩子的特点，给出了以下指导建议：

首先，孩子学习新知识的速度快，又天生精力旺盛，建议老师在上课时，让他当小助教，帮老师做一些力所能及的体力活，把他学会的东西教给其他同学。同时，下课后让他多到教室外面活动，跑跑跳跳，释放多余的精力，这样，接下来的课堂里，他就会安静许多。

其次，孩子好奇心强，学习潜能高，在学校，老师可以交给他一些额外的小任务，引导他把注意力放在解决问题上，他有事情干，就不会骚扰其他同学了。在节假日，只要他感兴趣的特长班，可以给他报名，让他全方位的学习、消化、吸收新的知识。

第三，6岁，正是性格塑造的好时机，要引导孩子培养高情商，学会关心其他同学和小朋友的感受，学会帮助与体谅别人，学会换位思考，唤醒他内心的爱。

按照熊敏老师的建议执行半年之后，我们惊喜地发现，孩子在兴趣特长班里学得有模有样，表现优秀，深得老师认可。在学校里，因为老师安排他给别的同学当小助教，自我约束能力得到了很大的提升，不再像以前那样经常做小动作或者给其他的同学捣乱了。由于他经常帮助别人，人缘也变得很好。

感谢多元智能检测，让我们真正的解了孩子，没有以爱的名义毁了孩子一生！

附录4：每个孩子都是一朵含苞待放的花朵

为什么有的孩子从小做事仔细谨慎，有的孩子却粗枝大叶？

为什么有的孩子天生就是孩子王，有的孩子却无法融入群体生活？

为什么有的孩子总喜欢表现自己，有的孩子却喜欢默默无闻？

为什么有的孩子会甜言蜜语，有的孩子说话却很冲？

为什么有的孩子从小就乖巧，有的孩子被打被骂却依然我行我素？

………

这些常见又易被忽视的问题，我们想过其背后原因吗？爱，从了解开始！

万事万物都有着客观规律，孩子也不例外。"江山易改，本性难移"，这句话的意思是说先天的性格对人生有着重要的意义。先天性格就是孩子的客观规律，如果不遵循规律，就很有可能出现很多令父母头疼的问题：为什么我们投入了很多精力和金钱，做出了很多努力，孩子还是不尽如人意呢？

可能有人会说了，后天环境不也在影响着孩子吗？的确，性格来自于两个方面，先天的和后天的，现在多数父母以及老师，更多的是关注孩子的后天性格培养、性格塑造，甚至是性格改造，不管后天的性格受环境影响有多大，但是基本思维模式、行为模式和第一反应都是来自先天性格本身，也就是通常所说的"本能"。

"人定胜天"曾经是励志者的名言，认为人类一定能战胜自然。这句话出自古代，其实讲的是人要定（禅定）下来，定生智慧，这个能力可以胜天，而不是拥有了高科技，就可以随意改变大自然了。这样做的后果是地球生气、发怒了，轻轻摇一摇，高楼大厦就垮掉了，海水稍稍翻一翻，城市就淹没了。所以即使我们要改造，也一定要在掌握自然规律的基础上进行改造，切不可盲目。

如果将孩子比喻成大树的种子，有的孩子是松树，有的孩子是柳树，如果你不满意柳树，你首先要了解他是一棵柳树，在他后期进行嫁接，而不是一开始就当松树一样培育，这样的风险很大，后果也会很严重。反之，亦如此。不管我们的孩子是什么种子，都没有好坏之分，只是性格特质的不同。所谓的好坏，都是大人强加的定义。

据说全球阅读率仅次于《圣经》的《小王子》原著，触动了无数人的心弦。看完之后，我们大概会发出这样的感慨：

理解孩子是如此重要，大人们总是用没用的逻辑去劝导孩子，当孩子拥有了大人要求的"有用"时，却可能很不幸福。可怜天下父母心，绝大部分父母所做所说的，一定出于爱孩子，很少有真正想伤害孩子的。但理解接受孩子，让孩子感觉到爱，却不是那么简单容易的事。

每年的高中毕业之际，都会出现这样的场面：一群人围着正在填志愿的孩子，在七嘴八舌的议论着，这个人说，报这个专业发展前景好，那个说，这个专业能赚钱。也有人说这个专业好进，那个专业不好进，这个专业热门，那个专业冷门等等，唯独没有考虑孩子的性格适合选择什么样的专业！

于是，一件令人痛心的事情发生了，多数孩子稀里糊涂的选了个专业，真正学科目的时候，却发现自己根本不喜欢。极少数的孩子在学习过程中会重新发现兴趣，挖掘出兴趣，让自己喜欢上这个专业。但绝大多数孩子没法让自己喜欢所学的专业，毕业了，找工作了，想找自己喜欢的工作，没有这个专业的文凭，做有文凭的工作，可自己又不喜欢。浑浑噩噩地过了一辈子，等到老年回忆的时候，总会有这样的遗憾：哎，我被这份不喜欢的工作绑架了一辈子，想做的事情却没做成。

《小王子》告诉我们：大人用眼睛看世界，小孩用心看世界。大人总是以"有用"与"无用"来决定自己是否去认知，而孩子们关心他们所感知的一切事物，这是因为有一颗爱心。幼儿的自我意识还没有完全发展起来，往往靠潜意识和外界交流，去感受这个世界，他们的感受是纯真无邪的。所以，若爱，请真爱。爱，从了解开始！